KB128766

왜 중세 농노는 해방되었을까?

21 역사공화국 세계사법정

교과서 속 역사 이야기, 법정에 서다

와트 타일러 vs 리처드 2세

왜 중세 농노는 해방되었을까?

글 문우일 · 그림 이남고

|주| 자음과모음

책머리에

역사를 공부한다는 것은 무엇일까요? 실제로 일어났던 일에 대해 사실대로 쓰는 것도 역사를 공부하는 사람이 할 일이요, 나아가 그에 대한 평가를 내리고자 애쓰는 것도 역사를 배우는 사람이 감당해야 할 몫입니다. 객관적 사실에 대한 정확한 판단 없이 그에 대해 평가를 내리는 것은 역사를 소설로 둔갑시키는 일이며, 아무런 평가 없이 객관적 사실만 묘사하는 것은 역사적 사료들을 창고에 그저 차곡차곡 쌓아 놓는 행위와 다를 바가 없는 것이기 때문이지요.

사람들이 역사를 공부하는 것은, 과거에 있었던 일에 대한 바람직한 평가를 통해 현재의 삶에 대해 의미 있는 반성을 해 보고자 함이 아닐까요? 따라서 다시 한 번 강조하건대, 역사를 공부하기 위해서는 객관적 사실에 대한 분명한 이해와 더불어 그 사실에 대한 가치 판단이 따라야 합니다.

하지만 이 가치 판단이 문제예요. 어떤 가치를 기준으로 삼아야 하는 걸까요? 분명 옳다거나 그르다는 나만의 생각에 따라 평가를 내려서는 안 될 것입니다. 적어도 역사를 공부하면서 우리가 현재의 삶에 대해 보다 더 바람직하게 반성하려면, 많은 사람들이 인정하는 기준을 근거로 삼는 편이 훨씬 유용할 것이기 때문이지요. 그렇다면 가치 판단은 큰 문제가 아니라고 생각할지도 모르겠습니다.

이미 눈치챘겠지만, 그렇다고 한들 문제가 모두 해결되는 것은 아니에요. 과거에 많은 사람들에게 당연한 것으로 받아들여지던 가치가 현재 우리에게 아무런 의미도 갖지 못한다면 어떻게 해야 할까요? 예를 들어 조선 시대와 같은 신분제 사회에서 당연시되던 양반과 노비 간의 질서는, 현재의 우리에겐 아무짝에도 쓸모가 없습니다. 그러면 양반과 노비라는 신분 질서를 놓고 바람직하다든가 혹은 그릇되었다는 어떤 평가를 내려야 하는 문제가 여전히 남게 되는 거지요.

그래서 어렵습니다. 역사는 참으로 어려워요. 그렇다고 해서 역사 공부를 팽개칠 순 없는 노릇이지요. 그리고 역사 사실의 이면을 곰곰 들여다보면, 시대 상황이 좀 달라졌을 뿐 뭔가 비슷한 일이 지금 내 주위에서 벌어지고 있다는 걸 알게 되지요. 이걸 깨닫는 순간 역사는 흘러간 옛 이야기가 아니라 현실에서 생동하는 흥미진진한 이야깃거리가 됩니다. 이처럼 우리 인간은 과거를 통해 현재를 반성하고, 또한 이를 토대로 내일을 설계할 수 있는 특별한 존재랍니다.

이렇게 볼 때 이 세계사법정 시리즈는 참 흥미롭습니다. 있었던 일들을 충분히 보여 주는 한편으로, 그에 대해 두루두루 가치 평가를 내려 볼 수 있는 기회가 주어지니까요. 당대의 가치관을 근거로 판단해 보는가 하면, 또한 현재의 관점에서 판단해 보도록 유도하지요.

이 책에서 여러분은 중세 영주와 농노의 객관적 관계에 대해서 보다 세세하고 꼼꼼히 살펴볼 수 있을 것입니다. 그와 같은 관계가 어떻게 시작되어 어떤 과정을 거쳐 발전하였는지, 그리고 결국 어떤 모습으로 해체되어 갔는지, 함께 중세 유럽의 시간을 더듬어 보기로 해요.

법정에서의 원고와 피고를 설정한 글의 구조는 이러한 역사적 진행에 대해 나름의 평가를 내리기에 매우 유용한 틀로 보입니다. 역사를 공부하면서 스스로 가치 판단을 해 가는 생각의 과정이 잘 드러나는 체계라고나 할까요? 물론 이 책에서 내려진 역사적 평결에 모두가 동의해야 하는 것은 아니지만, 적어도 역사를 공부할 때 이와 같은 과정을 모방해 보는 것은 매우 도움이 되리라고 생각합니다.

이 책을 통해 많은 독자들, 또한 나의 사랑하는 형빈이와 유빈이가 역사 속 여행을 즐겨 보기 바랍니다.

문우일

차례

교과서 에는

서유럽 사회에서 중세란 봉건제가 운영되던 시기를 말한다. 기사들이 주종 관계를 맺고 장원의 영주가 되어 농민을 지배하였는데, 봉건 제후나 기사들이 사용하던 토지인 봉토는 대부분 장원으로 조직되었다.

중학교	역사	VIII. 다양한 문화권의 형성 4. 유럽 세계의 형성과 발전 1) 게르만 족, 로마 카톨릭 교회와 손잡다
		VIII. 다양한 문화권의 형성 4. 유럽 세계의 형성과 발전 3) 변화의 물결 속에 르네상스가 시작되다

잉여 생산물을 교환하기 위한 시장이 생겨나고 중세의 도시가 발생했다. 이렇게 도시와 상공업이 발달하자 장원은 화폐 경제의 영향을 받았다. 여기에 흑사병이 유럽을 덮치면서 장원은 붕괴되고 농노는 신분적 속박을 벗어나게 되었다.

중세 봉건제는 주종제, 지방 분권제, 장원제로 이루어진다. 주종제는 상급자와 하급자를 나누어 서로에게 의무와 권리를 부여하는 것을 말한다. 그리고 장원은 한 영주의 지배 아래 있는 촌락 공동체를 가리킨다.

고등학교	세계사	Ⅲ. 지역 문화의 발전과 종교의 확산 2. 중세 유럽의 형성 3) 서유럽의 봉건제와 봉건 국가들
		Ⅳ. 지역 경제의 성장과 교류의 확대 3. 중세 유럽 세계의 성장과 쇠퇴 4) 중세 유럽 세계의 위기와 변화

14~15세기 중세 유럽을 주도해 온 교황 및 로마 교회와 봉건 영주의 지배권이 흔들리기 시작했다. 흑사병, 농노의 장원 이탈 등 여러 가지 이유로 중세 유럽 세계는 위기와 변화를 맞게 된 것이다.

한국사 연표

788년	신라, 독서삼품과 설치
900년	견훤, 후백제 건국
901년	궁예, 후고구려 건국
918년	왕건, 고려 건국
926년	발해 멸망
935년	신라 멸망
936년	고려, 후삼국 통일
958년	과거제 실시
1170년	무신의 난
1198년	만적의 난
1231년	몽골의 제1차 침입
1392년	고려 멸망, 조선 건국

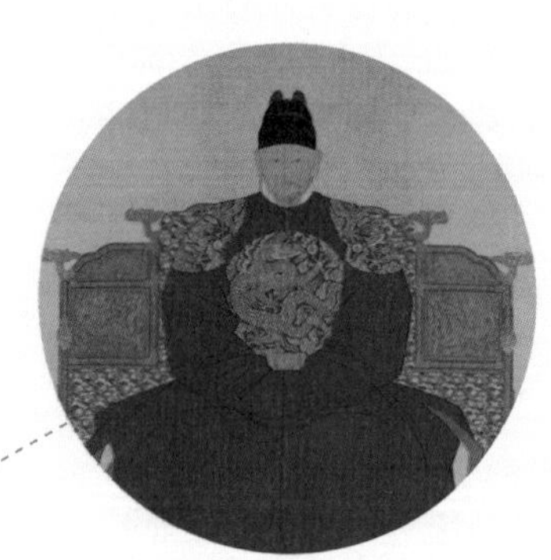

세계사 연표

800년	샤를마뉴 대제, 서로마 황제 대관
875년	당나라, 황소의 난(~884)
907년	당나라 멸망, 오대십국 시대 시작(~960)
960년	송나라 건국(~1127)
1037년	셀주크 제국 건국(~13세기 초)
1077년	카노사의 굴욕
1096년	십자군 전쟁 시작(~1270)
1115년	여진, 금나라 건국(~1234)
1192년	일본, 가마쿠라 막부 성립
1206년	칭기즈 칸, 몽골 통일
1299년	오스만 제국 성립
1358년	자크리의 난
1378년	교회의 대분열(~1417)
1381년	와트 타일러의 난

등장인물

원고 **와트 타일러** (?~1381년)

나는 농노였습죠. 농노로서 내가 무슨 대단한 일을 했겠습니까? 다만 영국 역사상 최대의 농민 반란을 주모한 것으로 유명하답니다. 내 이름을 빌려 '와트 타일러의 난'이라고 하지요.

원고 측 변호사 **김딴지**

나, 김딴지는 역사에 대한 해박한 지식을 가지고 잘못된 역사를 바로잡는 데 혼신의 힘을 쏟는 변호사랍니다. 이번 사건도 반드시 승리로 이끌겠습니다.

원고 측 증인 **돈키호테**

에스파냐의 작가 세르반테스의 풍자 소설인 『돈키호테』를 읽어 보았소? 내가 바로 그 주인공이지요. 내 원래 이름은 아론소 기하노인데, 밤낮 기사도 이야기를 읽다가 스스로 '돈키호테 라만차'라는 기사로 자칭하고 세상의 부정과 비리를 뿌리 뽑고자 길을 떠났지요.

원고 측 증인 **자크리**

난 원래 사람이 아니에요. 하지만 사람이기도 하지요. 프랑스 농민들이 주로 쓰던 이름이거든요. 1358년 프랑스에서 농민들이 일으킨 난을 사람들이 '농민의 난'이라고 부르다 보니 '자크리'가 고유 명사처럼 사용되게 되었어요.

판사 **명판결**

나는 역사공화국 한국사법정의 명판결 판사입니다. 변호사들에게 엄하게 대할 때도 있지만, 역사에 대한 호기심과 영리한 판결을 위한 노력에선 나를 능가할 사람이 없을 겁니다.

피고 **리처드 2세** (1367년~1400년)

난 플랜태저넷 왕가의 여덟 번째 잉글랜드 왕이오. 중세의 혼란기에 영국에서 일어난 와트 타일러의 난을 진압한 사람이지요. 재위 기간 중 의회와 끊임없는 갈등을 겪으면서도 한동안 잘 버텼으나, 결국 의회에 의해 왕위에서 쫓겨났어요.

피고 측 변호사 **이대로**

역사공화국에서 명변호사로 널리 알려진 이대로입니다. 역사적 진실은 쉽게 변하는 것이 아니라고 생각하는 변호사이지요. 여러분, 기존의 역사적 평가에는 다 이유가 있다니까요!

피고 측 증인 **샤를마뉴 대제**

카롤링거 왕조의 제2대 프랑크 국왕이 나요. 서유럽을 정치적으로 통일한 대업을 이루었지요. 로마 교황권과 손을 잡고 서유럽의 종교적인 통일을 이루었고 카롤링거 르네상스를 이룩하기도 했어요.

피고 측 증인 프리드리히 1세

난 슈타우펜 왕조의 신성 로마(독일) 제국 황제였다오. 1152년부터 1190년까지 나라를 다스렸지요. 붉은 턱수염 때문에 '붉은 수염을 가진 자'를 뜻하는 바르바로사로 불리기도 했어요. 3차 십자군을 거느리고 소아시아 원정을 나섰는데 세우레키아에서 사레프 강을 건너다 익사했다오.

피고 측 증인 가니쿠스 (가상의 인물)

난 로마 제국의 노예였어요. 내세울 게 없는 인물이지요. 다만 나는 노예가 어떤 생활을 했는지, 주인을 위해 무엇을 해야 했는지 잘 알고 있으니 궁금한 게 있으면 물어 보세요.

피고 측 증인 기욤

나는 자유민의 가정에서 태어나 마르무티에의 성 마르탱에게 스스로를 농노로 바친 사람이라오. 이 사실은 11세기 마르무티에 수도원 수사들의 거래 내역 장부에 나와 있지요.

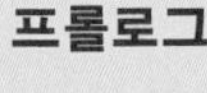

프롤로그

"왕은 농노제를 폐지하겠다고 한 약속을 지켜야 했소"

역사공화국에서 벌어진 다수의 소송으로 김딴지 변호사는 어느덧 유명 인사가 되었다. 일거리가 많아서일까? 사무실에 쌓인 서류 더미가 엄청나다. 사무실 어디에도 앉을 자리는커녕 서 있을 자리도 없어 보인다.

"아이고, 왜 최저 임금제는 있으면서 최고 임금제는 없는 거야? 도대체 일손이 모자라도 사람을 더 쓸 수가 있어야지."

김딴지 변호사의 중얼거림에 맞춰 사무실 문을 두드리던 소리가 갑자기 멈추더니 황급히 돌아 나가는 소리가 들렸다.

"어라? 누가 왔으면 들어와야지, 왜 돌아가려 하지?"

서둘러 문을 열어 보니, 아니나 다를까, 누군가가 계단 쪽으로 저만큼 걸어가고 있었다.

"이보시오, 용건이 있으면 들어와서 이야기를 하지, 무엇 때문에 그냥 돌아가시오?"

"아닙니다. 내가 사람을 잘못 보았습니다."

"무엇을 잘못 보았단 말씀이오?"

"김딴지 변호사는 누구보다 약자의 편에서 역사적 정의를 세우기 위해 고군분투하는 분이라 들어서 이렇게 부탁을 드리러 왔는데, 문 밖에서 들으니 그게 아닌 듯하여 돌아가는 중이랍니다."

"내가 그 변호사 맞습니다. 내가 무슨 말을 했다고 이러십니까?"

"아까 최고 임금제가 아쉽다고 했지 않았소? 정해진 임금 이상을 주지 않도록 법으로 규정해야 한다고 말이오. 바로 그 최고 임금제 때문에 벌어진 사건을 의뢰 드리려고 이렇게 왔건만, 김 변호사는 최고 임금제가 최저 임금제보다 중요하다고 하니 어찌 내가 소송을 의뢰하겠소?"

"에이, 그거야 그냥 한 말이지요. 그걸 진심으로 받아들이면 되겠습니까? 무슨 일 때문에 오셨는지 자세히 설명해 주세요. 그런데 당신은 누구시오?"

"난 와트 타일러라 하오. 영국에서 리처드 2세를 상대로 봉기를 일으킨 사람이지요."

"오호, 그 유명한 와트 타일러 씨군요? 그런데 무엇 때문에 이렇게 찾아오셨나요?"

"받을 채무가 있어서요. 리처드 2세 그 사기꾼 같은 왕이 나에게 했던 약속을 지키지 않았소."

“도대체 무슨 약속을 했는데요?”

“영국에서 농노제를 폐지할 것을 약속했었지요. 한데 내가 그만 죽어 버리자, 아무 일도 없었다는 듯 약속을 이행하지 않았단 말이오.”

“그게 정말입니까? 하지만 계약 당사자가 죽어 버리면 계약을 이행할 필요가 없을 수도 있어요. 즉, 승산이 없는 싸움일 수도 있단 말이지요.”

“그건 나도 잘 압니다. 하지만 그 약속이란 것이 나와 한 약속이긴 하지만 나아가 농민 전체와 한 약속이기도 하거든요. 나는 비록 죽었지만 계약을 한 상대가 모두 죽은 것은 아니니 당연히 이행했어야 하지 않을까요?"

"흠, 듣고 보니 그렇군요. 그런데 또 한 가지 문제가 있어요. 당신들이 어린 왕을 상대로 강압적인 분위기를 형성해서 강제로 약속하게 한 것은 아니었습니까? 만약 약속이 그런 환경에서 이루어졌다면 그것 역시 매우 불리하게 작용할 수 있어요."

"그것도 틀린 말은 아닙니다. 하지만 우리 역시 매우 강압적인 환경 속에서 최고 임금제와 같은 부당한 법률을 강요받고 강제로 노역해야 했단 말이오. 우리로서는 달리 이를 시정할 방법이 없었다는 점을 참작할 순 없겠습니까?"

"알겠습니다. 듣고 보니 매우 부당한 일을 당하신 듯하군요. 어디 한번 소송을 걸어 봅시다. 역사 법정은 세상 그 어느 법정보다 공정한 판결을 내리는 곳이니 분명 당신의 억울함을 풀어 줄 수 있을 겁니다."

미리 알아두기

중세 유럽의 봉건제

중세 유럽의 특징을 한마디로 요약하라고 하면 '봉건제'라고 말할 수 있습니다. 원래 봉건제란 단어는 중국 고대사에서 군현 제도와 비슷한 말로 사용되었다고 합니다. 여기서 군현 제도란 지방 행정 제도로, 중앙에서 관리를 파견하고 지방 조직을 재편성하여 통치한 형태를 가리킵니다. 이에 비해 봉건제는 각 지역의 영주들이 중앙에서 관리를 파견하지 않고, 해당 지역의 영주들이 그 지역을 자율적으로 통치하는 제도를 말합니다. 하지만 지금은 중세 유럽에서 성립되었던 지배·피지배 계급 간 주종 관계를 가리키는 말로 많이 쓰이지요. 서유럽에서는 6~7세기에서 유럽에서 절대왕정이 등장하기 이전까지가 이에 해당됩니다.

봉건제란 토지를 매개로 주종 관계가 맺어지는 관계를 말합니다. 정치적으로는 주군과 봉신이라는 주종 관계를 맺어, 봉신은 주군으로부터 토지를 받고 주군에게 충성과 봉사를 다해야 하지요. 프랑크 왕국의 카를 마르텔이 이슬람인의 침입에 대응하여 기사들을 양성하기 위해 이들에게 토지를 지급하였는데, 이것을 봉건제의 효시로 보는 견해가 가장 일반적입니다.

또한 봉건제는 경제적으로는 '장원제'라는 특징을 가집니다. 봉건 사회의 경제적 단위를 이루는 영주의 토지 소유 형태를 장원제라고 하는데, 장원의 중심에는 영주 자신 또는 관리인이 살고 있었으며, 하인의 오두막집이나 창고 등이 딸려 있었습니다. 농민들의 집은 촌락을 이루고 있었지요. 영주는 세력의 크고 작음에 따라 여러 개의 크고 작은 장원을 소유할 수 있었습니다.

이렇게 중세 유럽의 봉건제는 지방의 가신들이 왕으로부터 간섭받지 않을 권리인 불입권을 행사할 만큼 왕권이 약화된 지방 분권적인 정치 체제로 볼 수 있습니다. 이런 의미에서 중세 유럽에는 중앙 집권적 통일 국가가 존재하지 않았다고도 할 수 있지요. 따라서 중세 말기에 중앙의 왕권이 다시 강화되자 봉건제는 해체의 수순을 밟게 됩니다.

원고 | 와트 타일러 대리인 | 김딴지 변호사
피고 | 리처드 2세 대리인 | 이대로 변호사

청구 내용

리처드 2세는 역사 앞에 갚아야 할 빚이 있습니다. 리처드 2세는 나에게 그리고 역사 앞에 농노제를 폐지하고 지대를 낮추겠다고 철석같이 약속했습니다. 하지만 내가 죽은 뒤 리처드 2세는 그 약속을 지키지 않고 자신의 이익을 지키기에만 급급했습니다.

물론 저항할 수 없는 강제적 분위기에서 물리적 폭력이 두려워서 나와 약속할 수밖에 없었던 거라는 반론도 있을 수 있습니다. 그리고 그런 만큼 어떤 약속들은 지키지 않아도 되었다고 주장할 수도 있을 것입니다. 하지만 적어도 최고 임금제를 폐지하겠다던 약속만큼은 반드시 지켰어야 했다고 생각합니다.

당시 나를 비롯한 수많은 농노들이 최고 임금제를 강요받았습니다. 그것이 불합리하다는 것을 알고 있었지만, 우리가 그 점을 표현할 수 있는 방법이 폭동 외에는 전혀 없었지요. 만약 농노제 자체가 폐지되지 않았다면, 우리는 영원토록 일방적으로 부당한 대접을 강요당했을 것입니다.

리처드 2세가 나와의 약속을 지킨다는 것은 또한 매우 큰 의미를 지닙니다. 이는 그가 결정하고 실행했던 많은 일들이 인간으로서는 해서는 안 될 잘못된 일들이었음을 고백하는 것이기 때문입니다. 아시다시피 리처드 2세는 농노에게 감당하기 어려운 일을 시켰고, 이도 모자라 인두세와 같은 터무니없는 세금을 요구하며 우리를 괴롭혔습니다.

나는 이제 리처드 2세가 이러한 잘못을 있는 그대로 인정하고 이 법정에서 그에 상응하는 처벌을 받아야 한다고 주장하는 바입니다. 세계사법정은 공명정대하기로 이름나 있으니, 리처드 2세가 생전에 지은 잘못들을 낱낱이 드러내어 그에 상응하는 대가를 치르도록 엄정한 판결을 내려 주시기 바랍니다.

입증 자료

- 중학교 역사 교과서
- 고등학교 세계사 교과서

그 외 자료 추후 제출하겠음.

위 청구인 와트 타일러

역사공화국 세계사법정 담당 판사 귀하

황제
봉신
봉신
봉신
봉신
봉신

재판 첫째 날

중세인은 봉건 제도를 통해 어떤 관계를 맺었을까?

1.봉건 제도는 어떻게 시작되었을까?

2. 주군과 봉신은 어떤 관계였을까?

3. 기사들은 어떤 삶을 살았을까?

교과연계

역사

VIII. 다양한 문화권의 형성

4. 유럽 세계의 형성과 발전

1) 게르만 족, 로마 카톨릭 교회와 손잡다

1 봉건 제도는 어떻게 시작되었을까?

농민과 왕의 대결이라는 이유로 법정 안은 벌써부터 소란스러웠다. 명판결 판사가 법봉을 두드리며 재판의 시작을 알리자 모두 숨죽이며 그를 바라보았다.

판사 지금부터 와트 타일러 대 리처드 2세의 재판을 시작하겠습니다.

원고와 피고, 그리고 양측 변호인 모두 출석하셨지요? 그럼 먼저 원고 측 변호인이 이번 소송에 대해 설명해 주십시오.

김딴지 변호사 ▶피고 리처드 2세는 자신이 직접 농노제를 폐지하겠다고 원고와 약속했습니다. 그러나 원고가 죽자 아무 일 없었다는 듯이 자신이 한 약속을 지키지 않았습니다. 이에 원고는 약속을 지키지 않은 피고에게 그에 상응하는 처벌이 내려져야 한다며 이번 소송을 제기했습니다.

판사 피고 측 변호인, 원고 측 변호인의 말이 사실인가요?

이대로 변호사 결과만 놓고 보면 맞습니다.

판사 오호, 그러면 원고가 청구한 대로 판결을 내려도 되겠네요?

이대로 변호사 에이, 결과만 놓고 보면 그렇다는 거지, 원고의 주장에 동의한다는 뜻은 아닙니다. 저희 측 입장은 이렇습니다. 약속은 지켜야 하며, 약속을 지키지 않은 사람에게 그에 상응하는 벌을 주어야 한다는 말은 맞습니다. 하지만 만약 누군가가 어떤 약속을 지켜야 한다면, 그 약속은 두 가지 전제 조건을 갖추어야 합니다. 우선 그와 같은 약속은 전적으로 자기 의지에 따라 이루어져야 합니다. 다음으로, 두 사람, 혹은 여러 사람 사이에서 이루어진 약속의 내용이 적어도 시대 상황에 어긋나는 것이어선 안 됩니다. 하지만 우리의 피고가 약속을 했던 상황이야말로 이 두 가지 조건 중 어느 것도 충족되지 않은 것이었다고 할 수 있습니다. 따라서 당연히 그 약속은 무효이며, 약속을 이행하지 않은 것에 대한 죄를 물을 수도 없다는 것이 저의 주장입니다.

판사 그러니 피고 측 입장은, 리처드 2세가 원고인 와트 타일러의 강압에 의해 약속을 하게 되었으며, 그 내용도 적절하지 않았다는 것입니까?

이대로 변호사 역시 판사님은 이해력이 훌륭하십니다. 바로 그것입니다. 물론 원고의 억울함을 이해하지 못하는

교과서에는

▶ 1381년 4월 웨섹스 지방의 농민들은 와트 타일러의 지도하에 세금 납부를 거부하였습니다. 이후 국왕 리처드 2세가 농노제의 폐지 등을 승인해 주었지요.

바가 아니지만, 그렇다고 해서 문제가 되지 않는 걸 마치 어마어마한 문제가 있는 양 이렇게 법정까지 끌고 나오면 안 되죠.

판사 알겠습니다. 이번 재판의 판결은 다음의 두 가지, 즉 약속을 맺게 된 과정과 약속의 내용이 적절했던 것인지에 따라 결정될 듯합니다. 이 둘을 한꺼번에 논의하기보다는 하나씩 따져 보는 것이 좋겠군요. 우선 앞의 문제에 집중해 보도록 하겠습니다. 그러면 원고와 피고가 어떻게 그런 약속을 하게 되었는지 이야기를 들어 보도록 하지요.

이대로 변호사 당시의 상황을 알기 위해 피고의 증언을 듣고자 합니다.

와트 타일러의 난을 진압했던 리처드 2세

판사 허락합니다. 피고는 간단히 자기소개를 하고 증언해 주세요.

리처드 2세 나는 플랜태저넷 왕조의 잉글랜드 마지막 왕이었소. 제국의 왕이었던 내가 법정에서 변명해야 한다는 것 자체가 치욕이오. 뭐, 어쩔 수 없지.

성난 얼굴의 리처드 2세가 와트 타일러를 손가락으로 가리키며 말했다.

리처드 2세 저기 앉아 있는 천한 것이 나를 괴롭힌 장본인이오.

판사 피고, 역사공화국에서는 모든 시민이 평등하며, 이곳은 신성한 법정입니다. 자신의 신분을 내세워 함부로 말하면 안 됩니다.

리처드 2세 알겠소. 거 참, 까다롭게 구는군. 원고는 내 나라, 내 조국에서 반란을 일으켰소. ▶원고를 중심으로 한 반란의 무리들은 내가 직접 파견한 관리들을 내쫓고, 그들의 직속 서기 세 명과 지방 배심원 세 명을 죽였지요. 그러고는 신성한 캔터베리 대주교구를 습격했고, 런던을 점령한 뒤 다수의 귀족들 저택을 파괴했소. 당시 열네 살밖에 안 되었던 나로서는 이 모든 것이 어찌나 두렵던지……. 밖에 나갈 수도 없었던 난 런던탑에 갇혀 버린 셈이었지요. 이런 상황에서 저들과 만나 회담하고 약속을 한 것이니, 그 약속이 어찌 정상적이라고 하겠소?

와트 타일러의 난은 인두세 부과에 불만을 품은 농민들이 봉기한 사건입니다.

판사 그랬군요. 이에 대해서 원고 측 변호인은 반론하겠습니까?

김딴지 변호사 피고의 이야기는 모두 사실입니다. 하지만 그와 같은 사실이 있다고 해서 원고의 행동이 잘못되었다고 인정할 수는 없습니다. 폭력에는 정당방위라는 것이 있지 않습니까?

판사 그렇다면 원고의 폭력 행위가 어떻게 정당방위가 될 수 있는지 그 이유를 자세하게 설명해 주세요.

런던탑
런던 타워라고도 하며 영국 런던의 템스 강 북쪽 기슭에 있는 건물입니다. 1078년부터 지었으며, 지금은 박물관으로 쓰고 있지요.

정당방위
자기 또는 남에게 가해지는 급박하고 부당한 해를 막기 위해 해를 끼치는 자를 어쩔 수 없이 가해하는 행위를 말합니다.

교과서에는

▶ 와트 타일러 일행은 런던을 점령해 대법관을 처형하였습니다.

김딴지 변호사 판사님, 이 부분은 원고가 직접 설명하는 것이 좋겠습니다.

판사 좋습니다. 원고는 자기소개부터 해 주세요.

와트 타일러 나는 농노였어요. 쌓이고 쌓인 농노들의 불만을 반란으로 이끈 지도자가 나입니다. 나와 내 친구들은 단지 권리를 지키고자 했을 뿐입니다. 저기 앉아 있는 피고는 우리의 행동을 '폭력'이라고 부르지만, 그 이전에 피고 등이 우리의 몫을 가로채려고 했으

므로 그것을 막기 위해 어쩔 수 없이 그리했던 것입니다. 그것이 정당방위가 아니고 무엇이란 말입니까?

판사 앞뒤 정황을 좀 더 자세하게 설명해 주세요.

와트 타일러 판사님, 혹시 흑사병에 대해서 들어 보셨나요?

판사 오호, 그 유명한 흑사병이오? 중세 인구의 3분의 1이 그 병으로 죽었다지요? 중세의 에이즈(AIDS)라고 불리는 흑사병에 대해 들어 보다마다요.

와트 타일러 에이즈? 그건 뭔가요?

김딴지 변호사 판사님, 에이즈는 20세기에나 등장하는 질병으로 이 법정에 있는 사람들은 그 병에 대해 알지 못합니다. 그리고 에이즈를 20세기의 흑사병으로 부르는 것이 맞지, 흑사병을 중세의 에이즈로 부르는 것은 맞지 않습니다.

판사 그, 그렇습니까? 아무튼 그것이 어쨌단 말이지요?

와트 타일러 ▶판사님 말씀처럼 흑사병은 중세 유럽에서 참으로 많은 사람들의 목숨을 빼앗았지요. 그 병 때문에 유럽의 인구가 감소되었단 말씀입니다. 땅의 크기는 그대로인데 사람의 숫자가 줄어들었으니, 당연히 살아남아 있는 사람들의 임금이 비싸졌지요. 그리고 지대, 즉 땅을 빌려 사용하는 값은 줄어들었고요.

판사 그건 또 무슨 말인지……?

와트 타일러 무엇이든 희귀해지면 값이 비싸지는 법입

흑사병
페스트균이 일으키는 급성 전염병으로 '페스트'라고도 부릅니다. 오한, 고열, 두통에 이어 의식이 흐려지다가 죽음에 이르기도 합니다.

에이즈(AIDS)
AIDS, 즉 후천 면역 결핍증으로, 인간 면역 결핍 바이러스에 의하여 면역 세포가 파괴됨으로써 인체의 면역 능력이 극도로 저하되어 병원체에 대하여 무방비 상태에 이르는 병을 말합니다.

교과서에는

▶ 14세기 중엽 유럽 전역을 휩쓸었던 흑사병으로 많은 인구가 사망하였습니다.

니다. 다이아몬드가 흙보다 비싼 것은 단지 아름답기 때문이 아닙니다. 농민들의 일손도 마찬가지지요. 밭에서 필요한 일손보다 일할 수 있는 사람이 많으면 일손을 구하는 사람 입장에서는 보다 싼 값에 좋은 일꾼을 구할 수 있게 되지만, 그 반대의 경우라면 좋은 일꾼을 쓰기 위해서 비싼 값을 주더라도 어쩔 수 없는 것이지요. 이 말은 즉, 흑사병으로 엄청나게 많은 사람들이 죽어 버림으로써 결국 임금이 오르게 되었다는 것입니다. ▶지대가 떨어진 것도 같은 맥락에서 이해할 수 있습니다. 일할 사람이 없다 보니 경작하지 못하고 놀리는 땅이 많아지게 되었고, 땅을 놀리느니 세금을 낮춰서라도 경작을 하도록 유도했던 거예요.

판사 오호라, 임금은 높아지고 세금은 낮아지니 원고와 같은 농민들이 벌어들이는 게 더 많아지게 되었다는 말이군요.

와트 타일러 그렇지요. 그것이 자연스러운 것이지요. 그런데 저기 앉아 있는 피고는 아마 그로 인해 손해를 볼 수밖에 없었을 것입니다. 그건 자연 재해로 인한 것이지 우리가 의도한 바는 아니지 않습니까? 말하자면 하늘의 뜻이라고나 할까요. ▶▶그런데도 피고와 당대의 영주들은 이를 인정하지 않고, 자신의 수입을 지키고자 농민들이 낮은 임금을 받고 일할 수밖에 없도록 법을 고치고 우리에게 말도 안 되는 노동을 강요했지요. 먼저 피해를 입은 건 우리란 말입니다. 그것도 엄청난 피해를요. 우리는 단지 그와 같은 손해를 피하고자 했던 것이지요.

교과서에는

▶ 흑사병으로 유럽의 인구가 크게 줄자 곡물의 수요도 함께 줄어듭니다. 따라서 곡물의 가격은 내려가고, 농업 노동력이 부족해 임금이 올랐지요.

▶▶ 처지가 어려워진 영주들은 지대를 올리거나 농민의 신분을 구속하려 하였습니다.

판사 오호, 그래서 정당방위로 봐 달라는 말씀이군요. 사람을 죽이기까지 했는데? 물론 전쟁에서처럼 사람을 죽이는 행동도 어쩔 수 없는 경우가 있긴 하지만, 원고 측 주장대로 그와 같은 행동을 정당방위로 판단하려면 피고인 리처드 2세의 조치가 피고 고유의 권한에 따른 것인지를 밝히는 것이 무엇보다 우선일 듯싶군요. 피고 측 변호인, 피고가 자신에게 유리하도록 법을 개정하고 세금을 높이고자 했던 행동들이 정당한 권한에 따른 것임을 밝힐 수 있습니까?

이대로 변호사 당연한 말씀입니다. 그런 조치들은 당연히 피고의

대제
황제를 높여 부르는 말입니다.

정당한 권한 행사였습니다. 이를 입증하기 위해서는 아무래도 피고와 원고의 사회적 관계부터 짚고 넘어가야 할 듯합니다. 그런데 이 관계의 뿌리는 당시 봉건 제도라는 틀 안에서 이해되어야 하는 만큼, 우리는 역사를 거슬러 올라가 봉건 제도부터 살펴보아야 할 것입니다. 이를 위해 저희 피고 측에서는 샤를마뉴 대제를 첫 번째 증인으로 요청합니다.

판사 샤를마뉴 대제라면, 카롤링거 왕조를 세웠던 바로 그분! 중세 프랑크 왕국의 영토를 가장 크게 확장했다고 알려졌으며, 유럽의 거의 모든 부족과 싸워서 한 번도 진 적이 없다고 알려진 바로 그분 아닙니까. 그 유명한 분을 이 법정에서 뵐 수 있다니 영광이 아닐 수 없군요. 어서 모시지요.

카롤링거 왕조의 제2대 프랑크 국왕 샤를마뉴 대제

샤를마뉴 대제가 위엄 있는 모습으로 증인석에 올라 선서를 하였다.

이대로 변호사 샤를마뉴 대제께선 우선 간략히 자신에 대해 소개해 주십시오.

샤를마뉴 대제 난 피핀 대왕의 아들로 태어났으며, 샤를마뉴란 이름 외에 라틴어식 이름으로 '카롤루스 마그누스'라고도 불리지요. 후세 사람들은 나의 이 라틴어식 이름을 빌려 나의 왕국을 카롤링거 왕조라 부른다오. 내 가장 큰 업적으로는 동로마 외의 지역에서 옛 로마 제국의 영토 대부분을 하나의 나라로 통일시킨 것을 들 수 있어요. ▶또한 교황에게 서쪽 로마의 새로운 제왕으로 인정받은 것도 역사적으로 의미 있는 일이고.

이대로 변호사 대제의 업적을 모두 나열하기에는 법정이 너무 좁다는 느낌이 드네요. 많은 이야기를 듣고 싶지만, 오늘의 재판과 관련한 부분만 질문하겠습니다.

샤를마뉴 대제 그래, 내게 묻고 싶은 것이 무엇이오?

이대로 변호사 대제의 업적을 기록할 때 빠지지 않고 등장하는 것이 바로 카롤링거 왕조 시대에 이르러 봉건 제도가 안정적으로 운영되었다는 점입니다. 도대체 봉건 제도가 무엇이고, 또 그것이 어떻게 운영되었는지 설명해 주셨으면 합니다.

샤를마뉴 대제 그럽시다. 봉건 제도란 앞서 내가 이야기한 거대한 제국의 등장과 관련이 있소. 내가 확보한 땅이 워낙 넓어서 모든 지역을 내가 직접 다스릴 수 없었어요. 그래서 난 내가 절대적으로 믿을 수 있는 사람들에게 일정 지역에서 나 대신 직접 통치할 수 있도록 일임하였지요. 나의 제국을 여러 부분으로 나누고, 이 각 부분을 황제 가신, 즉 봉신(封臣)들로 하여금 다스리도록 했소. 후세 사람들이 이를 일컬어 봉건 제도라 부르는 것 같더군.

봉건 제도는 우리 유럽뿐만 아니라 고대 중국의 주나라에서도 비슷한 형태로 존재했다고 알려져 있어요. 다만, 중국의 봉건 제도가 황제를 중심으로 여러 친척들에 의해 이루어진 반면, 우리의 봉건 제도는 나와 같은 왕과 여러

교과서에는

▶ 카롤루스 대제(샤를마뉴 대제)는 중부 유럽을 통일하고 크리스트교 전파에 힘써서 교황으로부터 '서로마 제국의 황제'라는 칭호를 받았습니다.

기사들에 의해 운영되었다는 점이 결정적인 차이지요.

이대로 변호사 그렇군요. 한 나라를 여러 봉토(封土)로 나누고 이들 영토를 각각의 봉신들에게 다스리도록 한 제도가 바로 봉건 제도로군요. 그러면 봉건 제도로 운영되던 대제의 국가를 20세기의 미국에서 볼 수 있는 연방 체제쯤으로 이해해도 될까요?

샤를마뉴 대제 어허, 이 사람, 그것과 봉건 제도는 전혀 다른 것이오. 어찌 민주주의 이념에 의해 구성된 연방 체제와 지배자의 의사만 강조하는 봉건 제도가 같을 수 있겠소?

이대로 변호사 아, 저는 다만 봉건 제도를 좀 더 잘 이해하고 싶어서 드린 말씀이었습니다. 두 체제가 전혀 비슷한 구석이 없단 말씀이지요?

샤를마뉴 대제 비슷한 구석이라……. 이렇게 설명할 수 있겠군. 중앙 정부의 권한이 지방에 나누어져 있는 걸 지방 분권적 제도라 하는데, 이 점에서는 정확히 같다고 할 수 있소. 좀 자세히 설명해 봅시다. 다들 알다시피 미국은 여러 주가 모여서 형성된 연방 국가예요. 그래서 각 주에서 정부를 구성하여 독자적으로 정치적 권한을 행사하지만, 이들은 또한 미국 중앙 정부의 통제를 받기도 해요. 할리우드 영화를 보면, 특정 주에서 사건이 터졌을 때 주 경찰이 문제를 해결하다가도, 연방 경찰, 즉 FBI가 출동하는 경우가 있지 않소? 이게 다 미국이 지방 분권적 연방 체제이기 때문이지요.

판사 그럼 이렇게 이해하면 되겠군요. 봉건 제도란 거대한 땅덩어리를 나누어 각 지방에 독자적 권한을 부여한 지방 분권적 특징을 지닌 정치 형태라고. 원고 측 진술과 샤를마뉴 대제의 증언을 잘 들었습니다. 하지만 이를 본 사건과 연관시키려면 보다 많은 논의가 필요할 것 같은데요, 어려운 걸음 하신 김에 대제께서 좀 더 소상히 설명해 주셨으면 합니다.

봉토
제후가 황제로부터 하사받은 땅을 이르는 말입니다.

연방
자치권을 가진 다수의 나라가 공통의 정치 이념 아래에서 연합하여 구성하는 국가로, 개별 구성국은 자체의 국내법에 따르되 연방 국가는 국제법상의 외교권을 갖는 단일의 주권 국가입니다.

2 주군과 봉신은 어떤 관계였을까?

샤를마뉴 대제 그렇게 하지요. 이거 몇백 년 만에 이렇게 말을 하니 나도 많이 즐겁다오. 허허.

판사 피고 측 변호인, 증인에게 더 질문할 것이 있나요?

이대로 변호사 물론입니다. 지금 우리가 대제를 모신 것은 피고인 리처드 2세의 약속이 정당한 상황에서 이루어진 것인지 확인하기 위해서였습니다. 앞서 우리가 확인한 것은 봉건 제도의 의미 정도였습니다. 이 봉건 제도하에서 제왕이 어떤 권한을 지니고 있었는가 하는 것이 이 자리에 대제를 모신 진짜 이유이지요.

판사 좋습니다. 진행하십시오.

이대로 변호사 대제께 묻겠습니다. 봉건 제도에서 대제와 봉신의 관계는 어땠는지요? 또한 각자의 역할에 대해 설명해 주시기 바랍니다.

샤를마뉴 대제 그러지요. 하지만 아직 봉건 제도에 대해 완전히 설명한 것은 아니에요. 앞에서는 나와 가신들에 대한 이야기만 했지요. 이 변호사의 질문에 답하려면 좀 더 세부적인 내용이 필요하다오.

가신
높은 벼슬을 하는 사람의 집에 딸려 있으면서 그 사람을 받드는 사람을 일컫는 말로 봉신이라고도 합니다.

전전세
전세 낸 것을 다시 다른 사람에게 전세 놓는 일을 말하지요.

이대로 변호사 한 말씀도 놓치지 않겠습니다.

샤를마뉴 대제 앞서 봉건 제도는 지방 분권적 정치 제도라 했어요. 그런데 그와 같은 분권적 형태는 나와 가신들 사이에만 있었던 것이 아니에요. 황제인 나의 직속 가신들은 내가 그들에게 준 봉토를 다시 자신의 신하들에게 나누어 주곤 했어요.

이대로 변호사 그건 또 무슨 말씀이신지……?

샤를마뉴 대제 전세 물건으로 다시 전전세를 준 격이라고나 할까?

이대로 변호사 아파트 건물 주인이 각 층마다 전세를 주었더니, 그 각 층의 주인들이 그 층에 속한 집들을 또 다른 사람에게 전세를 준 격이다, 그 말씀이십니까?

샤를마뉴 대제 정확하오. 이제 비로소 주군(主君)과 봉신(封臣)이라는 단어를 정확하게 설명할 수 있겠군요.

이대로 변호사 주군요? 봉신이란 말은 앞서 몇 번 사용해서 낯설지 않은데, 주군은 처음 듣는 말이군요.

샤를마뉴 대제 봉건 제도에 얽힌 사람들의 관계는 집주인과 집을 빌려 쓰는 사람의 관계라 할 수 있어요. 그리고 집주인한테 빌린 사람이 그 집을 다시 다른 사람에게 빌려 줄 수 있었다고 보면 돼요. 즉 봉건 제도란, 하나의 제국을 내가 여러 봉신에게 나누어 주고, 여러 봉신들은 그 땅을 다시 다른 사람들에게 나누어 주어 다스리도록 했던 것이오. 여기서 땅을 주는 사람을 주군이라 부르고, 그것을 받는 사람을 봉신이라 부르지요.

이대로 변호사 거 참, 이해하기 어렵네요. 그러면 대제에게 직접 봉토를 하사받은 황제 가신들은 봉신인가요, 주군인가요? 분명히 해 주세요.

판사 이대로 변호사, 이해력이 그렇게 안 좋으시오? 그들은 주군일 수도 있고 봉신일 수도 있는 거지. 맞지 않습니까?

샤를마뉴 대제 공 판사는 역시 머리를 잘 굴리는군요.

대제인 나는 봉토를 하사하는 입장일 수밖에 없으니 항상 주군이지만, 황제 가신이나 그들로부터 봉토를 받은 사람들은 이 영토를 일부 떼어서 다시 봉토를 줄 수도 있으니 그들은 봉신이면서 동시에 주군이 되기도 하는 거지요.

이대로 변호사 오호, 알겠습니다. 어떤 사람을 주군으로 부를지 봉신으로 부를지 여부는, 봉토를 준 입장이냐 받은 입장이냐에 따라 달라지는군요. 그런데 그런 구분이 지금 우리의 논의와 무슨 관계가 있는지요?

샤를마뉴 대제 나와 봉신의 관계에 대해 내게 묻지 않았소? 그에 대한 설명이 바로 주군과 봉신이라는 두 단어에 압축되어 있어요.

▶원래 봉토란 주군에게서 받은 일정 구획의 땅을 일컫는 말이니, 봉신이란 그 땅을 매개로 나의 신하가 되었다는 뜻 정도로 이해할

수 있겠소.

하지만 주군이란 단어는 좀 생각해 볼 필요가 있어요. 주군의 주(主)는 알다시피 주인이란 뜻이니, 뭐 얼추 주군은 봉신의 주인이라는 의미를 지닌다고 할 수 있어요. 하지만 그게 꼭 맞아떨어지는 것은 아니오. 이 단어는 원래 'the Lord'를 번역한 건데, 이 단어에는 좀 종교적 의미가 포함되어 있어요. 기독교에서 하나님을 부를 때 이 단어를 사용하거든. 그러니 군주를 부를 때 'the Lord'라는 호칭을 사용한 것을 보면, 봉신들은 이들을 단지 사람과 사람 사이의 주종 관계가 아니라 종교적으로 절대적 권한을 지닌 신처럼 여겼다는 걸 알 수 있어요. 그러니 주군과 봉신의 관계는 단지 주인을 섬기는 종을 넘어서 주군을 종교적 신앙심으로 대하는 것만큼 큰 의미로 생각했음을 이해해야 해요.

판사 옳거니, 주군을 종교적 신앙의 대상으로 여겨야 했다. 뭐, 이번 재판은 더 해 볼 것도 없군요. 하나님과 동기 동창급인 리처드 2세에게 감히 농노가 덤볐으니 말이오. 안 그런가요?

와트 타일러 대제께선 어찌 일면만 말씀하십니까? 그건 단지 이름일 뿐입니다. 우리 옆집에 개똥이라고 불리는 아이가 있었지요. 하지만 개똥이라는 이름을 가졌다고 그 아이를 강아지라고 할 수는 없는 것 아닙니까?

판사 흠, 그도 그렇군요.

이대로 변호사 판사님, 그도 그렇다고 인정하시면 어떡합니까? 개똥이는 단지 부르는 이름일 뿐, 사람 간의 관계

교과서에는

▶ 봉토를 지급한 유력한 기사를 주군, 토지를 받은 기사를 봉신이라고 하였습니다.

를 암시하고 있지는 않습니다. 하지만 지금 논의하고 있는 '주군'과 '봉신'은 쌍방 간의 관계를 포함하는 이름이지요. 그러니 원고의 이야기와는 경우가 달라요.

판사 그게 그렇게 되나요?

와트 타일러 판사님, 설령 그렇다고 해도 문제가 있습니다. 대제의 말씀대로라면 주군은 하나님과 동기 동창 격인데, 제가 아는 한 교회에서 말하는 하나님은 사람들을 사랑하는 존재이지요. 주군이라는 이름을 지녔다는 사실이, 저들이 하나님의 성품을 그대로 지녔다는 것을 입증하는 것은 아닙니다. 실제로 피고는 우리를 사랑하기는 커녕 자신의 배를 불리기에만 급급했으니까요.

판사 흠. 그 말도 일리 있군요. 아무래도 주군과 봉신의 관계를 좀 더 면밀하게 따져 볼 필요가 있을 듯하군요. 이대로 변호사는 증인 신문을 계속하세요.

이대로 변호사 그러겠습니다.

대제님, 잠시 혼란이 있었습니다. 죄송합니다. 계속 증언해 주시지요. 어디까지 했지요?

샤를마뉴 대제 주군과 봉신의 관계에 대해 이야기하고 있었소이다.

이대로 변호사 그렇다면 주군에 대한 봉신의 마음가짐은 절대적인 것이라 할 수 있겠군요. 거역할 수 없는.

샤를마뉴 대제 그렇지요.

이대로 변호사 ▶그러면 봉신이 주군에 대해 마땅히 지켜

교과서에는

▶ 봉건 의례만 보아도 봉건적 주종 관계는 잘 드러납니다. 봉신은 두 손을 모아 주군의 손 밑에 두고 "다른 모든 이들에 대항해서 당신에게 신의와 충성을 바칠 것"을 맹세하지요.

야 하는 일에는 어떤 것이 있었나요?

샤를마뉴 대제 무엇보다 군사적 동원 요구를 충실히 이행해야 했어요. 봉신들은 주군이 전쟁에 필요한 병사나 자원을 요구할 경우 이를 반드시 따라야 했지요. 이것이 봉신들의 가장 중요한 의무였어요. 다음으로 봉신들은 주군이 함께 파견한 감시관들이 제대로 역할을 수행할 수 있도록 도와야했어요.

영주
중세 유럽에서 영지와 그 땅에 사는 사람들에게 영주권을 행사하던 사람을 말합니다.

이대로 변호사 감시관이오?

샤를마뉴 대제 아무런 조치도 없이 덩그러니 땅덩어리를 주고 자신들의 군사도 가질 수 있도록 해 주면, 그게 제정신이오? 그랬다가 이들이 딴 맘을 먹고 반역이라도 한다면 내가 참 난처한 입장에 처하게 되겠지. 그래서 이들을 감시할 감시관을 보내는 거요.

이대로 변호사 봉신이 주군에 대해 지켜야 하는 의무에 대해서는 대충 알겠습니다. 그렇다면 주군의 권한으로는 어떤 것들이 있습니까? 도대체 주군은 무엇을 할 수 있었지요?

샤를마뉴 대제 단어 정리를 좀 더 해 봅시다. 주군이란 봉신에게 봉토를 하사하는 존재이죠. 곧 땅을 주고 이를 근거로 봉신에게 일정한 의무를 요구하는 것이 주군의 권한이라 할 수 있소. 하지만 이들을 주군이 아닌 영주라는 이름으로 부르게 되면 이들이 할 수 있는 일은 훨씬 많아지지요.

이대로 변호사 '영주'라고요? 그건 또 뭡니까? 웬 단어들이 이렇게 복잡하죠?

샤를마뉴 대제 허허, 화를 내는 거요? 그럼 난 가겠소.

자유농민
유럽의 봉건 사회에서 영주에 대하여 부역의 의무를 지지 않았던 농민을 가리킵니다. 토지를 가지고 있으며, 영주와 계약 관계를 가지고 화폐 및 현물로 지대를 내었지요.

이대로 변호사 에이, 그럴 리가 있습니까? 화라니요. 다만 이런저런 단어가 자꾸 튀어나오니 머리 나쁜 제가 자꾸 헷갈린다는 걸 그렇게 표현했을 뿐이지요. 어서 설명해 주시지요, 영주에 대해서.

샤를마뉴 대제 그럽시다.

주군이나 봉신은 일정한 영토를 소유하고, 그 영토에 사는 사람들을 대상으로 나름의 정치적 권한을 갖는다는 것을 알겠지요? 그렇게 일정한 영토의 주인을 가리키는 단어가 바로 '영주'라오. 그러니까 주군이건 봉신이건 모두 영주가 될 수 있지요. 물론 땅을 가지고 있다고 다 영주라고 부르는 건 아니오. 나중에 다시 이야기하겠지만, 특정 지역에는 자유농민들도 있었으니까. 자유농민은 자기들 소유의 땅이 있기는 하지만 이들이 농사지어 얻은 곡식 등의 일부는 영주에게 속하는 것이었으니, 이들을 영주라고 부를 수는 없어요.

따라서 영주란, 일정한 영역에서 땅과 그 땅에 속한 모든 것들, 심지어 사람의 노동력까지도 온전히 소유한 주인이라고 할 수 있소.

이대로 변호사 그렇다면 영주의 권한에는 어떤 것들이 있을까요? 주인이니까, 하지 못할 일이 전혀 없다고 할 수 있겠군요?

샤를마뉴 대제 그렇지요. 영주의 권한은 크게 두 가지로 나누어 이야기할 수 있어요. 하나는 법적 권한이고 다른 하나는 군사적 권한이지. 좀 더 자세하게 말해 주겠소.

교과서에는
▶ 영주의 재판권은 상급 재판권과 하급 재판권으로 나뉘며, 대부분의 영주는 벌금형을 내리는 하급 재판권을 행사할 수 있었습니다.

▶우선 영주들은 자신들이 다스리는 영토 안에서 스스로 법을 세우고 이를 집행할 권한이 있어요. 이들이 말하

는 것이 그 영토에서는 곧 법이 되는 것으로, 누군가 이를 어겼는지 아닌지를 판단하고, 만약 어긴 사람이 있다면 그에게 어떤 처벌을 내릴지 결정하고, 나아가 실제로 그를 처벌할 수 있는 법적 권한을 가진 자가 바로 영주예요.

이대로 변호사 음, 갑자기 동네 주먹패들의 영역 다툼이 생각나네요. 일정 구역에서 무법자처럼 행동할 권한이 있다는 거 아닙니까?

샤를마뉴 대제 그래요. 그 영토에서는 자신이 법 자체이니 누군가의 명령이나 기준을 따를 필요가 없지요.

이대로 변호사 와, 부럽습니다. 동네 골목대장도 못해 본 나로서는 정말 꿈 같은 존재네요.

샤를마뉴 대제 영주의 권한은 여기서 그치는 것이 아니오. 그에게는 군사적 권한도 있어요.

이대로 변호사 군사적 권한이오?

샤를마뉴 대제 그렇소. 이는 법적 권한을 실질적으로 뒷받침하기 위한 권한이라고도 할 수 있지요. 영주가 그처럼 법적 권한을 가지려면 범법 행위를 통제할 힘도 있어야 하지 않겠소? 또 자신의 영토를 침범하는 자에게 대항할 힘도 있어야 하고. 당연히 군사적 힘을 기를 수 있는 권한이 있어야 하지요. 군사적 권한은 한편으로는 자신의 영토에 있는 사람들에게서 세금을 징수하는 명분이 되기도 해요. 그들에게서 세금을 걷는 대신 그들을 전쟁으로부터 보호해 준다는.

이대로 변호사 그렇군요. 하지만 그렇게 영주들이 군사적 힘을 기르다가 만약 다른 맘이라도 먹게 되면 대제께는 안 좋은 거 아닌가요? 혹 지방의 봉신이 대들기라도 하면…….

샤를마뉴 대제 그러니까 황제 가신들을 파견하면서 동시에 감독관을 보낸다고 하지 않았소?

이대로 변호사 참, 그랬지요. 영주들이 자신들의 영토에서 그렇게 큰 권한을 갖고 있다면 대제로선 매우 손해 아닙니까? 죽 쒀서 개 준다고, 기껏 영토를 확장해 놓고는 다른 사람에게 전권을 위임하는 것이잖습니까.

샤를마뉴 대제 허허, 지금까지는 영주들의 권한에 대해서만 이야기했지, 의무에 대해서는 이야기하지 않았지 않소? 주는 게 있으면 당연히 받는 것도 있는 게 세상의 이치지. 이제부터 그들이 나에게 주어야 하는 것, 즉 의무에 대해 이야기해 봅시다.

이대로 변호사 그들은 어떤 의무를 졌나요?

샤를마뉴 대제 딱 하나만 지키면 되었소. 바로 군사적 충성이지. 알다시피, 내가 살던 시대는 쉬지 않고 전쟁을 하던 때 아니겠소? 모든 봉신들은 내가 요구하면 어떤 상황에서라도 나를 지원해야 했어요. 그것이 이들이 땅을 소유하고 다스릴 수 있는 유일한 조건이었지요.

김딴지 변호사 이의 있습니다, 판사님. 지금 피고 측 변호인은 본 재판과 무관한 이야기를 하고 있습니다.

판사 인정합니다. 이대로 변호사, 우리는 지금 피고와 원고의 관계에 대해 증인에게서 듣고자 했어요. 주군과 봉신의 관계는 우리의 논의와는 무관합니다. 그에 대해 진술할 게 없으면 신문을 마치세요.

이대로 변호사 알겠습니다. 판사님도 아시다시피 우리는 지금 와트 타일러가 리처드 2세에게 터무니없는 난동을 부린 사건에 대해 살펴보고 있습니다. 하지만 그것이 정말로 터무니없는 일임을 명백히 하려면 무엇보다 리처드 2세가 지닌 권한의 크기를 밝혀야만 했습니다.

이제 증인에게 묻겠습니다. 대제께선 그럼 어떤 권한을 가지셨던 건가요?

샤를마뉴 대제 그걸 굳이 내 입으로 이야기할 필요가 있겠소? 나는 권한만 있고 의무는 없는 사람이오. 내가 누리는 권한이란, 주군으로서 봉신으로부터 받을 것들은 모두 누리며, 나아가 영주가 갖는 모든 권한을 갖는 것이오. 나는 다른 사람들에게 봉토를 하사하는 주군일 뿐 내게 봉토를 하사한 자는 없기 때문이지요. 나는 주군으로서, 또한 내 나라 모든 영토의 주인, 즉 영주로서 모든 권한을 지닌다고 할 수 있소. 즉, 내 말은 나라 안에서 곧 법이 되며, 내 땅의 모든 사람들은 내 요구에 무조건적으로 복종해야만 하오. 이제 알겠소?

이대로 변호사 대제께서는 저 피고가 누구라고 생각하십니까?

샤를마뉴 대제 먼 후대이긴 하지만, 나와 같은 제왕이 아니오? 내가 다스렸던 나라에 비하면 매우 작은 땅덩어리긴 해도, 잉글랜드라는 섬나라를 다스리던.

이대로 변호사 맞습니다. 그렇다면 리처드 2세의 권한이 대제님의 그것과 다르지 않다고 증언하실 수 있으십니까?

샤를마뉴 대제 정확히 그러하오.

이대로 변호사 존경하는 판사님, 피고는 이런 막강한 권한을 가진 사람입니다. 약속이라는 것이 굳이 문제가 되지 않지요. 그 자신이 곧 한 나라의 법이었던, 지엄한 위치에 있었다는 말입니다. 자신이 한 약속이 법적 효력을 지닐 수 있었을지도 모르겠으나, 그 약속을 지키지 않겠다고 선언하는 것 또한 새로운 법적 효력을 가진다고 볼 수 있으니까요.

판사 원고 측 변호인은 이 주장에 반론하시겠습니까?

김딴지 변호사 물론입니다. 이는 한마디로 말도 안 되는 이야기입니다.

판사 어허, 그럼 샤를마뉴 대제가 증인석에 앉아 거짓말이라도 하신단 말입니까?

김딴지 변호사 저분의 말씀에는 일점일획이라도 거짓이 있다고 보기 어렵습니다. 다만 저분이 살아 계셨던 시기의 기준이 피고의 것과 일치한다고 말할 수 없다는 뜻이지요.

일점일획
글자에서의 한 점과 한 획이라는 뜻으로, 아주 작은 부분의 글이나 말 따위를 이르는 말입니다.

판사 그걸 입증할 수 있습니까?

김딴지 변호사 네. 제가 증인 신문을 하도록 하겠습니다.

대제께서 활동하신 시대는 언제인가요?

샤를마뉴 대제 742년에 태어나서 814년에 죽었으니까 8세기~9세기에 걸쳐 살았소이다.

김딴지 변호사 그럼 피고인석에 앉아 있는 리처드 2세는 몇 세기 사람이라고 생각하십니까?

샤를마뉴 대제 글쎄요.

김딴지 변호사 대제께서는 10년이면 강산도 변한다는 속담을 들어 보셨는지요? 원고와 피고가 약속을 했던 시기는 1381년입니다. 즉, 14세기 말에 살았던 사람이지요. 상식적으로 8~9세기에 대제가 지녔던 권한을 14세기의 피고도 동일하게 지녔다고 보는 것이 옳다고 생각하십니까?

샤를마뉴 대제 그럼 안 될 이유가 있소?

김딴지 변호사 당연히 안 됩니다.

리처드 2세 김딴지 변호사! 너무하오. 무슨 근거로 당신이 나의 권한이 샤를마뉴 대제의 그것과 다르다고 단언하는 것이오? 아이고, 억울해라.

샤를마뉴 대제 어허, 저러니 이런 대접을 받지. 쯧쯧.

판사 피고는 조용히 하세요. 황제가 우는 걸 보니 불쌍한 마음이 들기도 하지만, 여긴 법정이에요. 감정에 좌우될 수는 없는 일!

김딴지 변호사 피고가 아무리 난리를 쳐도 사실은 사실입니다. 당연히 샤를마뉴 대제의 권한과 피고의 권한은 같을 수 없습니다. 존경하는 판사님, 피고 측 변호인은 무려 600년의 세월이 지나는 동안 동일한 권한이 유지되었을 것이라는 무리한 추리를 우리에게 강요하고 있을 뿐입니다. 그것이 잘못임을 밝힐 증인을 신청합니다.

판사 알겠습니다. 대제께서는 이제 돌아가셔도 됩니다. 증인은 증인석에 올라 선서하세요.

김딴지 변호사 존경하는 판사님, 잠시 휴정을 청합니다. 저도 말이 안 되는 줄은 알지만, 아직 우리 측 증인이 법정에 도착하지 않아서요. 거의 도착했다고 하니 잠시 시간을 주시면 곧 입증해 보이도록 하겠습니다.

판사 이게 무슨 장난입니까? 딱 10분입니다. 10분을 넘기면 원고 패소 판결을 내릴 수도 있어요. 아시겠습니까?

김딴지 변호사 잘 알겠습니다. 워낙 도깨비 같은 분이기에 저희도 어쩔 수가 없습니다. 시간은 5분이면 충분합니다.

3 기사들은 어떤 삶을 살았을까?

돈키호테 누구냐, 나를 이곳에 부른 자가!

판사 어라? 저 사람은 누군데 법정에서 저렇게 당당하게 소리를 치는 겁니까?

돈키호테 그러는 넌 누구냐? 너도 사람들을 괴롭히는 괴물이냐? 거기 꼼짝 말고 서 있거라. 내 정의의 칼을 받아야 하느니.

판사 법정 경위! 어서 저 사람을 끌어내시오. 아니, 당장 가두시오.

김딴지 변호사 판사님! 안 됩니다. 3분, 아니, 1분만 주십시오. 저 사람이 바로 우리의 증인입니다. 증인을 가두시다니요. 1분만 참아 주세요.

판사 헉, 뭐 저런 사람을 증인으로 부른단 말이오? 김 변호사도 함께 구속되고 싶소?

김딴지 변호사 그런 것이 아니라, 도대체 저 사람만큼 중세의 기사도에 대해 정확하게 이해하고 있는 사람을 찾기 어려워서요. 현명하신 판사님께서 넓은 아량을 베풀어 주세요.

와트 타일러 김 변호사님, 도대체 저런 사람을 증인으로 데려오면 어쩝니까? 저래서야 우리에게 불리한 진술이나 하기 십상 아니겠어요?

김딴지 변호사 나를 믿으세요. 지금은 당신의 억울함을 해결하기보다는 피고 측 주장이 잘못되었음을 밝히는 것이 순서예요.

와트 타일러 끙, 어쩔 수 없군. 하지만 저 기사의 이야기가 황당하면 변호사를 바꿔 버리겠소.

세르반테스의 『돈키호테』 한 장면

김딴지 변호사 타일러 씨마저 나를 못 믿으면 어쩌란 말입니까?

이대로 변호사 얼씨구. 판사님, 저쪽은 자기들끼리 싸우는데요, 이 재판을 계속할 이유가 있을까요?

판사 김딴지 변호사, 장내 소란 죄로 몽땅 집어넣을 수도 있어요!

돈키호테 뭐라고 떠드는 거냐? 나의 정의감을 무시하는 것이냐?

김딴지 변호사 아닙니다. 사람들은 흔히 진짜를 몰라보고 겉으로 보이는 게 다인 줄 알지 않습니까? 우리에게 필요한 것은 기사님의 정의에 대한 열정 바로 그것입니다.

돈키호테 암! 나야말로 정의의 기사지. 당신 똑똑하군. 껄껄껄…….

판사 허 참. 조용히 하지 않으면 정말로 법정 경위들에게 당신을 가두라고 하겠소.

돈키호테 우하하, 맘대로 하시오. 내 몸뚱어리는 가둘지언정 나의 기사도는 어디에도 가두지 못할 것이니.

판사 기사도? 이번엔 그 기사도란 것을 이해해야 한다는 겁니까?

김딴지 변호사 네, 그렇습니다. 우리가 기사도에 대해서 제대로 이해하지 못한다면, 샤를마뉴 대제의 증언에 어떤 문제가 있는지 살필 수 없을 것입니다.

판사 끙. 그럼 한번 이야기해 보시지요. 단, 증인이 법정에서 최대한 예의를 갖추도록 단단히 주의를 주세요.

김딴지 변호사 알겠습니다.

돈키호테 씨, 잠시 진정하고 제 말을 들어 보세요. 돈키호테 씨가 그토록 원하는 정의를 이곳 법정에서 실현시키자는 겁니다.

돈키호테 칼을 쓰지도, 창을 휘두르지도 않고 이곳에서 정의를 실현할 수 있다고? 만약 정말로 이곳에서 그렇게 훌륭한 일을 해낼 수 있다면 나도 잠시 진정해 보겠소.

김딴지 변호사 이곳은 역사의 정의를 세우는 그 이름도 유명한 역사 법정이랍니다. 자, 그럼 질문하겠습니다. 먼저 자기소개를 간단히 해 주세요.

돈키호테 오호, 내가 제일 좋아하는 자기소개 시간이구먼. 난 하

기사
기사를 뜻하는 라틴어는 equites인데, 이는 원래 말(馬)을 지칭하는 단어였어요.

급 귀족 가문 출신으로, 본명은 '아론소 기하노'이고 에스파냐 라만차 마을에서 살았소. 밤낮으로 기사도 이야기를 읽다가 매료되어, 나 스스로 '돈키호테 데 라만차'라 이름 짓고 갑옷을 입고, 저 위대한 로시난테를 타고 세상의 정의를 구현하기 위해 뛰어다니고 있소.

김딴지 변호사 그런데 기사가 도대체 무엇입니까?

돈키호테 기사란 말을 타고 싸우는 무사를 가리키는 말이지. 나도 이렇게 로시난테를 타고 있지 않소.

김딴지 변호사 아니, 그런 말장난하자고 질문한 건 아닌데.

돈키호테 말장난이라니? 이 사람 큰일 낼 사람이구먼. 정말이라니까. 기사, 곧 말을 타고 싸우는 사람!

김딴지 변호사 하 참. 요즘 세상에 말을 타고 싸운다고 몽땅 기사라고 부를 수는 없는 노릇 아니겠습니까? 내가 묻는 건, 당시 어떤 계층 사람들이 말을 타고 싸웠느냐 하는 겁니다.

돈키호테 처음부터 쉽게 물어 보지 그랬소. 내 이야기해 주지. 기사란 영주나 국왕을 지키는 특정 군사들을 일컫는 말이기도 하오. 하지만 그것만으로는 기사를 설명할 수 없지. 아니, 오히려 그렇게 이야기하면 진짜 기사에 대해서는 하나도 모르게 되어 버리오. 실상 기사라고 하면 국왕과 영주도 포함한다오.

김딴지 변호사 국왕과 영주도 기사였다고요?

판사 이건 또 무슨 소립니까? 그럼 국왕은 국왕이면서, 영주이면서, 주군이면서, 이젠 기사까지? 휴…….

김딴지 변호사 그래서 샤를마뉴 대제의 증언만으로는 피고가 무죄라고 말할 수 없다는 것이었습니다.

판사 알겠습니다. 계속하세요.

김딴지 변호사 증인, 어째서 국왕과 영주도 기사로 분류된다고 하십니까?

돈키호테 답답하기는. 생각해 보시오. 기사란 말을 타고 싸우는 사람이라고 했잖소?

김딴지 변호사 그렇지요.

돈키호테 그럼 국왕이나 영주가 전쟁터에서 말을 타고 멋지게 싸우는 장면을 떠올려 보면 어떻소? 국왕이 되었건 영주가 되었건, 멋지게 말 타고 싸우는 사람이니 그들도 기사지.

김딴지 변호사 그렇군요. 결국 기사란 전쟁터에서 싸우는 사람 중 말을 타고 싸울 정도의 지위에 있는 사람이겠군요.

돈키호테 그렇지. 그렇지.

판사 그럼 결국 말을 타고 싸우기만 하면 기사라는 겁니까?

김딴지 변호사 판사님, 차근차근 이야기하게 해 주시지요.

증인, 도대체 기사라고 불리는 사람들은 언제 등장했습니까?

돈키호테 흠. 대략 11세기 중반쯤이라고 알고 있소.

김딴지 변호사 그러면 그 전에 말 타고 싸우던 사람들은 기사라고 부르지 않았다는 말이군요?

돈키호테 아, 물론 기사로 부르긴 했었지요. 하지만 그들은 기사라 할 수 없지요. 그 사람들은 동네 깡패라고 부르는 게 더 어울렸소!

김딴지 변호사 하하하. 증인, 말씀을 좀 조심조심 해 주셔야 할 듯합니다. 저기 샤를마뉴 대제께서 아직 퇴정하지 않고 계시니. 좀 전에 깡패라고 불렀던 사람들 중에는 저분도 들어 있을지 모르는데요.

돈키호테 난 저분은 잘 알지 못하오. 다만 내가 활약했던 당시, 아니, 그보다 조금 전 중세의 상황이 그랬다는 말이지. 그 당시 유럽의 귀족들은 매우 폭력적이었소. 그들은 오로지 자신들의 이익만을 챙겼지. 그중에서도 영주들은 특히 부끄러운 존재였소. 그들은 자신의 영토에서 사법권과 군사권을…….

김딴지 변호사 아, 영주의 권한에 대해서는 이미 이야기가 다 되었습니다.

돈키호테 그랬소? 아무튼 그들은 자신의 땅에서 엄청난 권한을 갖다 보니 법도라는 게 도통 없었소이다. 그들은 힘없고 자신을 지킬 무기조차 없는 약자들을 노략질하는 데 대부분의 시간을 허비했어요. 자신들이 가진 무기와 군사력을 동원해서 힘없는 사람들을 보호하기는커녕 괴롭히기만 했으니, 얼마나 잘못된 일이오.

김딴지 변호사 그러니까 영주들, 그리고 이들을 섬기는 봉신 혹은 귀족들이 사람들에게 무자비하게 권력을 휘둘렀다는 말입니까?

돈키호테 두말하면 잔소리지. 혹시 '초야권'이라고 들어 보았소? 그것도 영주가 자기 영토 안의 사람들에게 주장하는 권리 중 하나요. 내가 하나 묻지. 사람들이 결혼을 하면 신랑과 신부는 누구랑 자야겠소?

김딴지 변호사 부부가 함께 하는 것이 당연하겠지요.

돈키호테 그 당연한 걸 훼방 놓는 게 바로 초야권이라는 거요. 초야(初夜), 즉 신랑과 신부가 결혼한 첫날밤에 신부와 함께 잘 수 있는 권리를 영주가 가진 거지. 그야말로 동네 깡패 아닌가.

김딴지 변호사 기사들이 등장하기 전에 영주들이 못된 짓을 정말 많이 했군요.

돈키호테 오죽했으면 교회가 끊임없이 압력을 넣었겠소. 사람들 좀 그만 괴롭히라고. 뭐, 못된 영주들을 수그러뜨리는 데 교회가 나름의 역할을 하긴 했지. 기사도의 등장도 같은 맥락에서 이해할 수 있을 거요.

김딴지 변호사 기사도라고 했습니까?

돈키호테 암, 기사도. 사실 말 타고 싸우는 사람을 기사라고 구분하는 것은 잘못이오. 기사가 지녀야 하는 정신! 그것이 기사도인 거지요. 결국 기사란 이런 기사도를 실천하고자 노력하는 사람을 일컫고. 극악무도하던 무인들이 교회의 영향력 아래 올바르게 변화하면서 등장한 것이 기사이니, 결국 기사도는 기독교 정신과 맥을 같이 한다고 할 수 있어요. 기사 작위 수여식이 교회에서 행해지는 것만 보아도 알 수 있지 않소?

김딴지 변호사 기사도에 대해 더 자세히 들을 수 있을까요?

돈키호테 흠. 경건, 정직, 사심 없음, 공정함, 명예, 용감함, 순종, 동정심, 자비, 고결함, 여성에 대한 친절, 뭐 이런 것들이지요.

중세의 말 탄 기사

김딴지 변호사 와, 좋은 건 다 들어 있네요. 그러니 말 타고 싸우는 사람들 중에서 경건, 정직, 사심 없음, 공정함, 명예, 용감함, 순종, 동정심, 자비, 고결함, 여성에 대한 친절 등을 실천하고자 노력하는 사람들만 기사라는 거지요?

돈키호테 그렇소.

김딴지 변호사 존경하는 판사님, 증인은 영주나 국왕도 이 기사도와 무관하지 않다고 증언했

습니다. 당연히 영주와 국왕, 심지어 피고인 리처드 2세도 명백히 이 기사도를 지켜야 했다는 말이지요. 비록 샤를마뉴 대제의 주장처럼 제왕이 아무도 거역할 수 없는 절대적 권력을 쥐고 있었더라도, 이와 같은 도덕적이고 성스러운 기준을 무시하는 것은 중세의 시대적 양심이라고 할 수 있는 교회의 권위에 정면으로 도전하는 것이었지요. 주님에 대해 주군이 항명한다면, 아무리 'the Lord'라고 불린들 주군이 기독교적 권한을 지녔다고 말할 순 없겠죠? 따라서 원고가 피고에게 그와 같이 항명한 데에

항명
명령이나 제지에 따르지 않고 반항하는 것 또는 그런 태도를 가리킵니다.

농노
중세 봉건 사회에서 봉건 영주에게 속해 있는 농민을 가리키는 말입니다. 영주로부터 신분적 지배를 받았고, 토지에 얽매여 있었으며, 여러 가지 의무를 져야 했지요.

는 나름대로 충분한 이유가 있다고 주장하는 바입니다.

판사 알겠습니다. 피고 측 변호인, 반대 신문하세요.

이대로 변호사 증인이 이야기한 대로 기사도가 매우 훌륭하다는 것은 알겠습니다. 그렇다면 기사들은 영주로서의 권한이 있을 터인데, 기사의 눈으로 볼 때 여기 있는 농노 와트 타일러가 군주인 리처드 2세에게 감히 약속을 강요할 수 있다고 보십니까?

돈키호테 그런 일이 있었소? 감히 어떻게 그런 일이 있을 수 있단 말이오? 하찮은 농노가 지엄한 국왕한테 덤비다니, 그건 있을 수 없는 일이오.

이대로 변호사 지금 하찮다고 하셨습니까? '하찮다'는 단어가 '고귀함', '존엄'과는 정반대된다는 것은 아십니까?

돈키호테 그걸 어떻게 모르겠소?

이대로 변호사 그럼 그와 같은 강요된 약속이 잘못된 것이라는 데 동의하는 건가요?

돈키호테 하지만 그것이 정의롭지 않은 일을 정의롭게 바꾸는 일이었다면 이야기가 달라지죠.

이대로 변호사 그러니까 원고 와트 타일러가 폭동을 일으킨 게 잘했다는 건가요, 아님 잘못했다는 건가요?

돈키호테 잘못이오. 아니, 잘한 일이오. 아니, 잘못이오. 아니, 잘한 일이오. 아니…….

판사 증인, 도대체 무슨 말을 하려는 것입니까?

돈키호테 어험. 앗! 저기 괴물이 나타났다. 난 이만 저 괴물을 무찌르러 가야겠소. 붙잡지 마시오. 가자, 로시난테, 달려라!

판사 이거 참, 저렇게 그냥 가 버리다니.

다들 주목하세요. 현재까지의 정황으로 볼 때 농노였던 원고가 영주에게 저항했다는 건 다분히 잘못된 일로 보일 수 있습니다. 하지만 이 역시 영주의 권한에 대해서만 살펴본 것이기 때문에 이것만 가지고 판결을 내릴 수는 없습니다. 따라서 원고 측은 이에 대한 반론을 다음 재판까지 보다 상세히 준비해 주시기 바랍니다.

한편, 원고와 피고 사이의 약속이 어떤 내용이었는지, 그와 같은 약속이 과연 합당한 것이었는지도 본 법정이 판결을 내리기 위해 따져 봐야 할 점입니다.

그럼 이것으로 재판을 마치겠습니다.

땅, 땅, 땅!

열려라, 지식 창고

샤를마뉴 대제, 황제로 인정받다

유럽은 지역에 따라 동유럽, 서유럽, 북유럽, 지중해 연안 등으로 불립니다. 이 중 동유럽과 서유럽은 오래전부터 다투기 시작했습니다.

끊임없는 전쟁을 통해 지중해 주변 전체를 영토로 확정했던 로마는 이후 지금의 발칸 반도와 소아시아 지방(오늘날 터키 지방) 일부로 영토가 확정됩니다. 우리는 이를 동로마, 즉 비잔틴 제국이라 합니다. 이 비잔틴 제국의 시기 대부분이 중세 시대이기도 합니다.

하지만 지금의 독일, 이탈리아, 프랑스 등이 있는 옛 로마의 서쪽 지역에도 강한 나라가 등장하게 됩니다. 프랑크 왕국이 그것이지요. 프랑크 왕국은 크게 두 개의 왕조 시대를 거치면서 유럽의 중심으로 성장하게 됩니다. 이 둘은 클로비스 왕에서 시작된 메로빙거 왕조와, 이후 샤를마뉴 대제의 아버지인 피핀 3세로부터 시작되는 카롤링거 왕조입니다.

메로빙거 왕조의 클로비스 때 프랑크 왕국이 급작스럽게 성장한 것은 아닙니다. 아주 오랫동안 로마 교회나 비잔틴으로부터 변방으로 취급받았으며, 왕이나 황제 칭호를 사용하지도 않았지요. 하지만 이후 피핀 3세가 롬바르드 왕국을 정복하여 이를 교황령으로 기증했어요. 이로 인해 교황으로부터 신이 정한 왕으로 인정받게 됩니다.

이렇게 종교적 권위를 획득한 프랑크 왕국은 피핀 3세의 아들인 샤를마뉴 대제에 이르러 가장 번성하게 되며, 이때부터 카롤링거 왕조가 시작됩니다.

샤를마뉴는 서로마 제국의 옛 영토 대부분을 정복한 뒤 학교 설립에 힘쓰고, 로마의 고전을 비롯한 라틴 저작을 유지 보존하기 위해 노력하며, 라틴어를 서유럽 전체의 공용어 및 외교어로 정착시킵니다.

샤를마뉴와 관련하여 빼놓을 수 없는 사건은 800년에 있었던 황제 대관식입니다. 이와 같은 대관식은 로마 교황과의 밀접한 제휴를 통해 성립되었습니다. 동유럽, 즉 비잔틴 국가에서만 있을 수 있었던 황제가 드디어 서유럽에 등장하게 된 것이지요. 이로써 서유럽은 동유럽과 대등한 독립적인 국가, 독자적 문화를 지닌 영역으로 성장하게 됩니다.

황제 대관식을 통해 로마 카톨릭 교회와의 유대가 더욱 강화되었습니다.

휴정 인터뷰

다알지 기자

저는 지금 역사공화국 세계사법정에 나와 있습니다. 와트 타일러의 난으로 잘 알려진 와트 타일러가 리처드 2세에 대해 농노를 해방시키겠다는 약속을 이행하지 않았으니 응분의 처벌을 받아야 한다고 소송을 걸었지요. 재판 첫째 날인 오늘 샤를마뉴 대제가 증인으로 출두했습니다. 샤를마뉴 대제는 중세의 봉건 제도가 무엇이며, 봉건 제도 안에서 사람들이 어떤 사회적 관계를 맺고 있었는지 등을 소상히 진술했습니다. 이어서 등장한 증인은 돈키호테 기사였는데요, 이 증인을 통해 사람들은 기사도가 무엇인지, 그것이 역사적으로 어떤 의미를 갖는지 알 수 있었습니다. 하지만 흥미진진한 증언 가운데 양측의 입장이 워낙 팽팽하게 맞서고 있어서 판결이 어느 쪽에 유리하게 진행될지 한 치 앞을 내다보기 어렵습니다. 그럼 지금부터 이번 재판의 주인공인 와트 타일러와 리처드 2세의 말을 들어 보겠습니다.

농노제가 무엇 때문에 폐지되어야 했는가 하는 문제는, 결국 농노제가 어떻게 시작되었는지 얼마만큼 정확하게 이해하고 있느냐에 달려 있다고 해도 과언이 아닙니다. 많은 역사적 제도들이 당대의 필요에 의해 만들어진 만큼, 그 필요가 없어졌을 때 그 제도 역시 운명을 다할 수밖에 없기 때문이지요. 이렇게 볼 때 오늘 봉건 제도에 대해 이해할 기회가 마련되었다는 점은 이번 재판의 첫 단추로서 매우 적절했다고 생각됩니다. 뿐만 아니라 나는 오늘, 농노제를 폐지할 수 있는 절호의 기회가 있었음에도 불구하고 한 사람의 변심으로 인해 그 기회가 무산되었다는 것을 많은 사람들이 알게 되어 참으로 기뻤답니다.

와트 타일러

리처드 2세

봉건 제도가 토지를 매개로 주군과 봉신이라는 관계의 연속으로 이루어졌음을 확실하게 밝혔다는 점에서 이번 재판은 매우 뜻깊었습니다. 주군이 봉신에게 토지를 하사하고 봉신은 자신의 토지에서 절대적인 권한을 갖는 봉건 제도가 여전히 유지되고 있던 시점에서 저 무식한 농노가 벌인 사건은 매우 비정상적인 것이었음을 분명히 밝혀 주었기 때문이지요. 다들 아시다시피 저자가 사건을 벌인 것은 1381년이었습니다. 프랑스에서 농노제가 완전히 없어진 것이 1789년임을 감안할 때, 터무니없이 이른 시기에 농노 제도를 폐지하라고 내게 강요한 것이었지요. 저자와 맺은 약속이 사회적 신분을 무시한 깡패들에 의해 어쩔 수 없이 저질러진 일임을 분명히 했다는 점에서, 이번 재판이 내게는 참 좋았습니다.

법

재판 둘째 날

장원에서 사람들은 어떻게 살았을까?

1. 장원은 어떻게 형성되었을까?
2. 영주와 농노는 어떤 관계였을까?
3. 농노들은 어떤 삶을 살았을까?

교과연계

세계사
III. 지역 문화의 발전과 종교의 확산
2. 중세 유럽의 형성
3) 서유럽의 봉건제와 봉건 국가들

1 장원은 어떻게 형성되었을까?

판사 양측 모두 재판 준비는 잘해 오셨지요? 오늘 우리는 원고의 행위가 정당한 것이었는지 살펴봐야 합니다. 지난 시간에 원고의 입장을 들어 보았으니 오늘은 피고 측 이야기를 들어 볼 차례로군요.

이대로 변호사 존경하는 판사님, 우리는 지난 재판에서 정의로운 기사인 돈키호테의 증언을 들었습니다. 하지만 그는 매우 허황된 꿈을 좇는 이상주의자로서 매우 비현실적이었습니다. 이제 조금은 현실에 근접한 모습을 알아보았으면 합니다.

와트 타일러 저 아저씨 이상한 소리 하시네. 아무리 돈키호테가 정신없는 것처럼 보여도 없는 말을 꾸며 낸 것도 아니고, 기사들이 마땅히 지켜야 할 것들에 대해 이야기했구먼. 김 변호사 님, 이 변호사에게 한마디 해야 하는 거 아닙니까?

김딴지 변호사 판사님, 피고 측 변호인은 터무니없는 인신공격으로 원고 측 증인을 모략하고 있습니다.

판사 인정합니다. 피고 측 변호인은 언행을 조심해 주세요.

이대로 변호사 알겠습니다. 하지만 그렇다고 해서 상황을 보다 현실적이고 구체적으로 알아볼 필요가 없어지는 것은 아닙니다.

판사 좋습니다.

이대로 변호사 본 안건에 대한 판단은 영주와 농노의 관계를 어떻게 이해하느냐에 달려 있다고 봅니다. 이들에 대해 이야기하려면 우선 그들의 삶터였던 장원에 대해서 알아보아야 할 것입니다.

판사 장원이라면…… '장원 급제' 할 때 장원 말입니까?

이대로 변호사 판사님, 어찌 중세와 관련해서는 그다지도 아는 게 없으신지. 제가 분명히 삶터라고 말씀드렸는데 장원 급제의 장원일 수야 없지요. 더구나 장원 급제라면 조선의 시험 제도에서 나오는 단어이잖습니까.

판사 이 변호사는 도통 유머가 없어요. 농담한 걸 가지고.

이대로 변호사 흠흠. 장원이란 중세의 촌락을 일컫습니다. 자세한 설명을 위해 프리드리히 1세를 증인으로 요청합니다.

판사 허락합니다. 증인은 입정해서 선서해 주세요.

프리드리히 1세가 선서한 후 증인석에 앉았다.

장원
유럽 중세기에 귀족이나 사원에 딸린 넓은 토지를 가리키지요. 봉건 제도에서 토지 소유의 한 형태입니다.

프리드리히 1세의 초상화

이대로 변호사 증인께선 먼저 자기소개를 해 주시지요.

프리드리히 1세 난 신성 로마 제국의 황제요. 붉은 수염이 워낙 인상적이라 '바르바로사(Barbarossa)'라는 별칭이 붙기도 했지요. 신성 로마 제국의 황제로서 저 앞에 계신 샤를마뉴 대제와 오토 대제 때의 영광을 되살리기 위해 부단히 노력했고, 물론 많은 성과도 있었지요.

이대로 변호사 감사합니다. 장원의 모습에 대해 몇 가지 질문을 드리겠습니다. 우선 장원이란 무엇입니까?

프리드리히 1세 장원(莊園)은 쉽게 말하면, 중세 사람들이 먹고사는 문제를 해결하던 자급자족적 농촌 단위를 일컫는다오.

이대로 변호사 흠. 그럼 우리가 알고 있는 시골 농촌이라고 생각하면 되겠습니까?

프리드리히 1세 장원과 농촌이 어떻게 같겠소? 당신네 시골 농촌의 모습과는 전혀 달라요. 비슷한 점이라면 농사를 짓는다는 정도랄까? ▶물론 농사짓는 방법에도 차이가 많이 나고요. 장원의 경제 구조는 뭐랄까, 매우 중세적이라고 할 수 있지요.

교과서에는

▶ 한 영주의 지배 아래에 있는 촌락 공동체를 장원이라고 부르며, 장원의 높은 언덕에는 대개 영주의 성이나 영주관이 있었습니다.

판사 증인, 알아듣기가 어렵군요. 중세적이라니……. 여기 계신 분들을 위해서 쉽게 설명해 주세요.

프리드리히 1세 알겠소. 혹시 〈슈렉〉이란 영화를 보았소?

판사 당연히 봤지요. 그 재미난 영화를 왜 안 봤겠습니까?

프리드리히 1세 그럼 『잠자는 숲 속의 공주』나 『미녀와 야수』 같은 동화는 읽어 보았소?

와트 타일러 그렇지. 그 이야기들에 나오는 자들이 바로 피고석에 앉아 있는 저 사람의 모습이라니까!

판사 원고! 발언권을 얻고 나서 말씀하세요.

와트 타일러 판사님, 그럼 제가 한마디 해도 되겠습니까?

판사 짧게, 아주 짧게 이야기하세요.

와트 타일러 저 피고의 모습이 바로 그랬어요. 〈슈렉〉의 성에는 누가 살지요? 공주의 엄마 아빠도 있지만 공룡도 있지요? 『잠자는 숲 속의 공주』에는 마녀가 등장하고, 『미녀와 야수』에서는 야수가 바로 성주예요. 대부분의 성주들, 특히 저 피고는 선량한 백성들을 못 잡아먹어서 안달인 공룡이자 마녀이며 난폭한 야수였단 말이오.

리처드 2세 판사님, 억울합니다. 단지 피고라는 이유로 제가 저런 중상모략을 들어야 합니까? 그런 건 나 같은 귀족들이 화려하게 잘 사는 게 배 아파서 저들이 만들어 놓은 허상일 뿐이오.

와트 타일러 우리들을 못살게 군 것은 틀림없는 사실 아니오?

리처드 2세 그게 왜 못살게 군 거냐고, 내 권리를 행사한 것이지. 못살게 군 건 내가 아니라 오히려 너희 농노들이잖아!

판사 조용! 판결은 내가 내리오. 어쨌든 장원에 대해 좀 더 소상히 알 필요가 있겠군요. 피고 측 변호인은 증인 신문을 계속하세요.

이대로 변호사 장원의 모습에 대해 이야기하고 있었죠? 이제 장원에 사는 사람들에 대해 알아볼 차례군요. 증인, 장원에서 저 두 사람의 관계가 어떠했는지 설명해 주시겠습니까?

프리드리히 1세 좋소. 하지만 그에 앞서 장원의 모습을 좀 더 설명할 필요가 있어요. 장원에 사는 사람들은 크게 성안에 사는 사람과 성 밖에 사는 사람으로 나누어 볼 수 있어요. 즉 장원은 성과 성 주변의 땅으로 이루어져 있고, 장원의 사람들은 이곳에서 먹고사는 문제를 모두 해결했지요.

판사 모두요? 장원이 매우 중요한 삶의 터전이었군요.

와트 타일러 먹고사는 문제라 하지 않았습니까? 강아지든 고양이든 가장 중요한 건 바로 먹고사는 문제입니다. 그 터전이 장원이었고요. 장원에서 겨우 먹고살 만해졌는데, 피고가 그 먹고사는 걸 몽땅 박탈하려고 했단 말입니다.

리처드 2세 어허, 그것이 어찌 너의 정당한 권한이겠느냐. 내 허락 없이 죽지도 못하는 주제에.

판사 피고와 원고는 조용히 하세요. 피고 측 변호인은 계속하세요.

이대로 변호사 증인, 그러면 국가와 장원은 어떤 관계였나요?

프리드리히 1세 국가는 여러 개의 장원으로 이루어졌다고 보면 되오. 장원의 우두머리 중에서 황제를 제외한 나머지는 그 황제를 모시는 봉신이면서 동시에 자신이 관리해야 하는 봉토의 영주인 거지요.

이대로 변호사 증인은 사람들이 장원 안에서 먹고사는 문제를 모두 해결했다고 했는데요, 그렇다면 장원은 오늘날의 농촌과 어떻게 다른 겁니까?

프리드리히 1세 지금은 농촌과 도시에서 만들어진 물건들을 시장에서 서로 사고팔아 필요한 것들을 구하지만, 중세의 장원은 그렇지 않았어요. ▶그때는 장원 안에서만 물건들을 구할 수 있었지요. 먹는 것, 입는 것, 모두 말이오. 그래서 자급자족적 농촌 공동체라고도 하지요.

이대로 변호사 아하, 그렇군요.

프리드리히 1세 하지만 이 말로는 장원을 속속들이 묘사

교과서에는

▶ 장원은 촌락으로 구성된 중세 사회의 기본 단위였습니다. 또한 자급자족을 하는 사회적 · 경제적 공동체였지요.

했다고 보기 어렵소. 좀 자세하게 설명해 보지요. 장원은 성안과 성 밖의 두 영역으로 나뉘지만, 그 쓰임새나 권리에 따라 또 다르게 나누어 볼 수 있어요. 우선 쓰임새로 보면, 무엇보다 장원은 농사를 기반으로 하는 만큼 농지가 있고, 임야, 즉 넓은 들판과 산도 있지요.

이대로 변호사 우리네 시골과 비슷하네요. 임야는 어떻게 쓰였나요?

프리드리히 1세 농지와 임야가 있다고 다 같은가? 농지도 지금 농촌과는 많이 달라요. 여하튼 임야의 쓰임새부터 이야기해 보지요.

임야에서는 땔감을 얻고 가축에게 풀을 뜯기기도 했어요. 야생 식물도 채집했고요. 물론 야생 동물을 잡아서 가죽 옷을 만들기도 했지요.

이대로 변호사 호, 수렵과 채집도 했군요. 우리의 시골과 같다고 말한 제가 무지했네요.

프리드리히 1세 무지함을 용서받으려면 나머지 설명도 들어야 하오. 이제 그 땅의 소유권에 대해 살펴봅시다.

이대로 변호사 그 땅은 모두 영주의 소유 아닌가요?

프리드리히 1세 그렇게 이야기할 수도 있겠지만, 엄밀히 말하면 그것도 아니라오. 영주가 직접 관할하는 땅이 제일 넓었지만, 그렇지 않은 땅도 있었거든. 바로 농민 보유지라 불리는 것이지요.

교과서에는

▶ 장원의 영지는 경작지, 목초지, 삼림으로 나누어지며, 경작지는 영주가 직접 관할하는 영주 직영지와 농민들의 보유를 허락한 농민 보유지로 나뉩니다.

이대로 변호사 ▶농민 보유지라면 농민이 소유한 땅이 있었다는 거네요.

프리드리히 1세 그렇소. 많은 사람들이 농노는 땅을 전혀

휴경지
춘경지
영주의 성
여기는 내가 직접 농사짓는 땅!
추경지
교회
방목지
나는 영주의 땅에서 농사를 짓는 농노야.
촌락
임야에서는 이렇게 양 떼를 키울 수도 있지.

소유하지 않았다고 알고 있는데, 그건 명백히 틀린 이야기요. 그리고 그 땅도 무척 넓었지.

와트 타일러 판사님, 이의 있습니다. 그 땅이 넓었다고 주장하는 것은 말이 안 됩니다.

리처드 2세 넓었지, 그럼 안 넓었다고? 쯧쯧, 저러니 천방지축으로 날뛰지. 뭐 좀 제대로 알고…….

판사 조용 조용! 원고와 피고는 조용히 하세요! 흠, 이 부분은 나중에 좀 더 자세히 다루어야겠어요. 증인은 계속해 주세요.

프리드리히 1세 교회도 영주로부터 받은 땅을 소유하고 있었어요. 그 외의 땅은 모두 영주의 것이었지요. 임야와 황무지는 물론이고, 영주가 직접 관할하는 농지, 그러니까 영주 직영지도 엄청나게 넓었지요.

이대로 변호사 그 넓이가 어느 정도였던가요?

프리드리히 1세 전체 농지 중 적게는 4분의 1에서 많게는 2분의 1, 그러니까 절반 정도가 영주 직영지였소.

이대로 변호사 절반이라면 영주 직영지가 굉장히 컸군요. 그 밖에 우리가 알아야 할 사항이 있나요?

프리드리히 1세 물론이오. 내가 4분의 1이니 2분의 1이니 했지만, 그게 경계가 분명한 게 아니었단 말이오. 울타리를 치지 않았거든.

이대로 변호사 아하, 그래서 나중에 엔클로저 운동, 즉 울타리 치기 운동이 벌어졌군요?

프리드리히 1세 그렇소. 농지와 농지 사이에 두둑만 있어서 이를 개방 경지제라고 부르기도 했소.

이대로 변호사 개방 경지제의 특징이라면 어떤 게 있을까요?

개방 경지제
농민들 각각의 토지를 울타리나 길 따위로 명확하게 구분하지 않았던 경지 제도를 말합니다. 8세기 무렵부터 봉건 제도가 끝날 때까지 유럽에 널리 보급되었던 형태이지요.

프리드리히 1세 농민들은 농민 보유지니 영주 직영지니 하는 건 대충 알고 있었지만, 경계가 없다 보니 정작 경작할 때에는 내 땅 네 땅 할 것 없이 공동으로 작업해야 했어요. 더구나 당시 농지는 그냥 기다란 형태에 매우 좁았지요. 땅이 기다랗다 보니 쟁기를 끄는 말이나 소가 쉽사리 방향을 돌릴 수가 없었어요. 쟁기를 돌리려면 옆의 농지로 넘어갈 수밖에 없는 만큼 영주 직영지와 농민 보유지를 따로 경작할 수가 없었지요.

이대로 변호사 공동 경작이라……. 농사짓는 모습도 지금의 농촌과는 매우 다르군요.

프리드리히 1세 그렇소. 이제야 이 변호사의 무지함에 대해 용서할 맘이 생기는구먼.

판사 그런데 원고와 피고의 현실적 관계에 대해서는 대체 언제 이야기할 겁니까?

이대로 변호사 장원이 어떤 모습이었는지를 밝히는 것은 곧 원고와 피고의 관계를 보다 심도 있게 이해할 수 있는 지침이 된다고 봅니다. 이제 원고와 피고의 관계에 대해 증인께서 설명해 주시겠습니까?

프리드리히 1세 중세에는 크게 두 부류의 사람이 있었소. 땅을 가진 자와 갖지 못한 자. 땅을 가진 자는 장원의 우두머리였던 영주, 다음으로 교회, 그리고 땅을 가진 농노의 세 부류쯤 되고, 땅을 가지지 못한 농노도 있었소.

이대로 변호사 그들의 관계는 어떠했나요?

프리드리히 1세 영주는 장원의 우두머리로서, 전체 장원의 구성원에 대해 거의 모든 것을 할 수 있었어요. ▶이들을 견제하는 유일한 세력이 바로 교회였고. 영주가 속세의 권력을 다 쥐고 있었다면, 그를 견제하는 세력으로 천상의 권력을 대변한 것이 교회지요. 물론 그 땅은 영주가 준 건데, 뭐, 교회에 대해 좀 잘 봐 달라는 의미라고

나 할까.

이대로 변호사 그럼 이제 두 부류만 남는군요. 땅을 가진 농노와 땅을 갖지 않은 농노.

프리드리히 1세 그렇소. 땅을 갖지 않은 농노는, 이렇게 말하긴 뭐하지만, 완전히 물건이었소. 영주의 배려하에서만 모든 문제를 해결할 수 있는 존재이지요. 이들의 노동력은 온전히 영주만을 위한 것이었소. 그냥 집에서 기르는 소나 말 등 가축과 똑같았다고 생각하면 틀림없어요. 그에 비해 땅을 소유한 농노들의 삶은 이들과는 사뭇 달랐어요.

김딴지 변호사 판사님, 그에 대해서는 원고의 설명을 들을 필요가 있습니다.

와트 타일러 나는 자유농민이었습니다. 농노와는 상관이 없다고요.

판사 자유농민은 또 뭔가요?

와트 타일러 중세 후반기에 새로 등장한 사람들이지요.

이대로 변호사 맞습니다. 원고는 자유농민이었습니다. 하지만 자유농민이라 한들 농노의 신분에서 완전히 자유로웠던 것은 아닙니다. 따라서 원고와 피고의 관계를 이해하려면 원고의 신분적 한계를 이해해야 하고, 원고의 신분적 한계를 이해하려면 농노에 대해 알아야 하지요.

판사 좋습니다. 피고 측 변호인은 신문을 계속하세요.

교과서에는

▶ 장원의 높은 언덕에는 영주의 성이 있고, 그 아래쪽에 교회가 위치해 있었습니다.

2

영주와 농노는 어떤 관계였을까?

이대로 변호사 증인, 농노의 사회적 역할에 대해 설명해 주시기 바랍니다.

프리드리히 1세 농노야 시키는 대로 농사만 지으면 되지, 사회적 역할이랄 게 뭐 있나요? 굳이 말하자면 농노는 농사짓는 노예라 할 수 있어요.

이대로 변호사 농사짓는 노예라…….

프리드리히 1세 노예와 같은 생활을 하였으나 자신들의 땅을 가졌지요.

이대로 변호사 그렇군요. 그 땅은 어떻게 갖게 된 건가요?

프리드리히 1세 그야 영주가 주었지요. 중세 시대에 모든 사람들의 관계는 땅을 통해 이루어지는 경우가 많았어요. 나 같은 황제가 여러 봉신에게 땅을 주고 그들로부터 군사적 충성을 약속받는 건 알고 있지요? 그리고 각 봉신은 황제로부터 받은 땅의 주인, 즉 영주가 되고. 그러니 교회가 되었건 농노가 되었건 그 땅의 원래 주인은 영주인 셈인데, 다만 이런저런 이유로 농민이나 교회에 땅을 잠시 빌려준 것이지요. 아니, 교회에는 아예 주었다고 해도 무방하겠소. 하지만 농민에게는 주었다고 말하기보다는 빌려 주었다는 표현이 적합하지 싶소.

이대로 변호사 그건 왜 그렇습니까?

프리드리히 1세 앞서 장원의 땅은 크게 농민 보유지, 교회 보유지, 영주 직영지, 셋으로 나눌 수 있다고 했소. 농민 보유지야 농민들이 경작한다지만, 교회와 영주의 땅은 누가 경작했을 것 같소?

이대로 변호사 그야 농노가 했겠지요?

프리드리히 1세 맞아요. 영주가 직접 경영하는 땅이나 교회에 속한 땅을 경작한 이는 다름 아닌 농노였어요.

이대로 변호사 농노에게 영주가 땅을 주는 대신 영주가 소유한 땅을 경작하도록 했다는 말이군요.

프리드리히 1세 이제 좀 알겠소? 덧붙여 설명하자면, 교회에 소속된 땅도 수도사와 농노가 함께 경작했는데, 수도사야 자기네 땅이니까 당연한 것이고, 농노는 어느 정도 종교적 의무감, 혹은 자발적으로 해 주었다고 할 수 있지요.

이대로 변호사 교회에 속한 땅에 관해서는 그 정도로 하고요. ▶그럼 결국 농노가 경작에 참여한 건 영주가 베푼 은

교과서에는

▶ 농노는 일주일에 사흘 정도는 영주의 직영지에서 일을 해야 했습니다.

혜에 대한 당연한 의무라고 할 수 있겠군요.

프리드리히 1세 당연하오.

김딴지 변호사 판사님, 이의 있습니다. 지금 피고 측 변호인은 단순한 계약, 그것도 일방적인 계약을 은혜라는 단어로 포장하고 있습니다.

판사 인정합니다. 피고 측 변호인은 주의해 주세요.

이대로 변호사 판사님, 그것은 은혜가 맞습니다. 원래 농노는 노예와 같은 신분인데, 그들에게 땅을 주어 보다 나은 생활을 하게 했으니 어찌 은혜가 아니겠습니까?

판사 피고 측 변호인은 지금 한 말을 입증할 수 있습니까?

이대로 변호사 네. 이를 위해서 새로운 증인이 필요합니다. 허락해 주시기 바랍니다.

판사 좋습니다. 피고 측 증인은 증인석으로 나와 주세요.

가니쿠스가 증인석에 올라 선서를 했다.

이대로 변호사 증인은 자기소개를 해 주십시오.

가니쿠스 천한 신분인 내가 이런 귀하신 분들과 마주하게 되니 영광입니다. 하지만 나를 소개하기가 참 곤란하군요.

이대로 변호사 자신을 소개하기가 곤란하다고요?

가니쿠스 나는 고대 로마의 노예입니다. 노예란 원래 소나 돼지 따위 가축과도 같아서 나를 소개한다는 게 실은 말이 안 되거든요.

소나 돼지한테 자신을 소개하라고 시키지는 않잖아요?

이대로 변호사 정 그러시다면 자기소개는 건너뛰고 질문을 드리겠습니다. 증인은 주로 무슨 일을 했습니까?

가니쿠스 그것도 대답하기 곤란하군요.

이대로 변호사 자꾸 곤란하다고만 하지 말고 있는 그대로 말씀해 보세요.

가니쿠스 그게 그러니까……, 아무거나 했어요. 주인님이 시키는 것은 무엇이든 했지요. 그게 노예의 본분이니까요.

이대로 변호사 증인은 농노라는 신분에 대해 들어 보았습니까?

가니쿠스 농노요? 에이, 내가 살던 시대에는 그런 신분은 아예 없었어요.

이대로 변호사 그렇군요. 그럼 혹시 소유한 재산이 있었나요?

가니쿠스 재산이오? 농담하십니까? 이 변호사는 가축이 자기 재산을 가질 수 있다고 생각해요? 제게 재산 같은 건 없었습니다.

이대로 변호사 요즘은 개한테 옷을 입히고 리본을 달아 주기도 해요. 개집도 지어 주고요.

가니쿠스 희한한 세상이네요. 뭐 그럴 수도 있다고 치고, 그런다고 해서 그 개가 입은 옷을 개의 것이라고 할 수는 없지요. 주인이 벗겨 버리면 그만이니까요. 개집도 마찬가지고요.

이대로 변호사 증인이 입고 있는 옷도 증인의 것이 아니란 말입니까?

가니쿠스 당연하지요.

이대로 변호사 그럼 만일 누군가가 당신에게 땅을 조금 줄 테니 대신 자신의 땅에 와서 며칠 노동해 달라고 하면 어떻겠어요?

가니쿠스 내게 땅을 준다고요? 내 것으로요? 에이, 가당치도 않습니다. 나처럼 천한 자에게 누가 땅을 준단 말입니까?

이대로 변호사 그러니까 만일이라고 하지 않았습니까.

가니쿠스 헛물켜는 것 같아 생각하기도 싫습니다만, 그렇게 되면 생활이 훨씬 나아지겠지요. 나만을 위한 무엇인가가 생기는 것이니까요.

이대로 변호사　존경하는 판사님, 증인의 증언과 같이, 영주가 농노에게 땅을 준 것은 은혜였음이 분명합니다.

판사　원고 측 변호인, 반대 신문 하겠습니까?

김딴지 변호사　네. 증인에게 묻겠습니다. 증인은 증인의 생활에 대해 만족하셨습니까?

가니쿠스　나야 마음씨 좋은 주인님을 만나서 그럭저럭 괴롭지 않은 삶을 살았지요.

김딴지 변호사　그럼에도 땅을 조금 갖게 될 경우 생활이 더 나아지리라고 기대하는 건가요?

가니쿠스　내가 편안하게 살았다는 건 다른 노예들과 비교했을 때 그렇다는 거고, 만약 내가 땅을 갖게 된다면 그것은 곧 노예 신분에서 벗어날 수 있다는 건데 그런 기대를 갖는 게 당연하지 않겠소?

김딴지 변호사　만약 증인이 증인을 거느렸던 주인과 같은 시민적 권리와 재산권을 누릴 수 있다면 그건 어떻겠습니까?

가니쿠스　어허, 나를 놀리고 있구먼. 어찌 말도 안 되는 것을 자꾸 생각하라고 하시오? 그런 불손한 생각을 했다가는 주인님한테 맞아 죽을 수도 있소.

이대로 변호사　이의 있습니다. 원고 측 변호인은 있을 수 없는 일을 가정하여 증인을 혼란시키고 있습니다.

김딴지 변호사　존경하는 판사님, 피고 측 변호인이 농노로서의 삶을 가정해 보았던 것과 제가 영주나 주인으로서의 삶을 가정해 보는 것이 무엇이 다르단 말입니까?

판사 피고 측 변호인의 이의를 받아들이지 않겠습니다. 원고 측 변호인은 계속하세요.

김딴지 변호사 증인, 무리한 상상을 해 보라고 해서 미안합니다. 하지만 올바른 판결을 위해서는 증인의 대답이 매우 중요하니 답해 주셨으면 합니다.

가니쿠스 내가 주인과 같은 권리를 누린다면 당연히 좋지요. 누가 노예의 삶을 좋아하겠소?

김딴지 변호사 ▶존경하는 판사님, 노예가 농노로 되는 게 반가운 일이라는 점에는 저희 원고 측도 동의합니다. 하지만 그것은 노예로부터의 변화일 뿐, 영주와 농노의 관계에 대한 정확한 답이 되지는 않습니다. 영주에 의해 노예 신분에서 농노로 변화했더라도 이는 단지 상대적으로 좋아진 것일 뿐, 여전히 영주에 의해 억압받는 삶에 지나지 않기 때문입니다. 여전히 비정상적인 관계로 보아야 마땅한 것 아니겠습니까?

이대로 변호사 판사님, 모든 시대에는 그 시대의 룰이란 것이 있습니다. 적어도 그 시대의 영주와 농노의 관계를 놓고 본다면, 지금 우리가 밝혀야 하는 것은 영주에 의해 천한 신분의 사람이 조금 더 나은 생활을 하게 되었다는 것이고, 이로 인해 영주가 농노에 대해 절대적 권한을 갖는 게 당연하다는 점입니다.

교과서에는

▶ 농노는 혼인권, 농지 보유권 등이 있어서 서양 고대의 노예보다는 상대적으로 더 많은 권리를 누렸습니다.

판사 흠. 우리는 지난 재판에서 돈키호테라는 증인을 통해 기사들이 마땅히 따라야 할 기준에 대해 들었어요. 그것은 상당히 도덕적인 것들이었으며, 어느 시대에나 인정될 만한 영예로운 것들이었지요. 만약 그것이 사실이라면, 피고 측은 본 법정에서 매우 불리한 입장에 처하게 될 겁니다. 피고 측 변호인은 그와 관련해 할 말이 있습니까?

설원선서
독일 중세의 재판에서 피고 및 그 보조자가 신에게 죄가 없음을 서약하는 형식적 선언을 가리키는 말입니다.

이대로 변호사 존경하는 판사님, 증인 프리드리히 1세에게 다시 질문하도록 허락해 주십시오.

판사 좋습니다.

이대로 변호사 증인은 1172년 황제의 자리에 즉위한 뒤 발표한 조약에서 기사와 농노의 관계에 대해 언급하셨지요?

프리드리히 1세 그렇소이다.

이대로 변호사 그 내용은 다음과 같습니다.

"본 조약을 어긴 기사를 농부가 고소하면 기사는 손을 들고서 의도적인 것이 아니라 자기방어적인 행동이었음을 강조하며 네 명의 선서 보조인과 함께 설원선서(雪寃宣誓)를 해야 한다. 기사가 본 조약을 어긴 농부를 고소하면, 농부는 자신의 손을 들고서 어쩔 수 없는 상황이었다고 맹세하며 판사가 선발해 준 일곱 명의 증인으로 혐의를 물어야 한다."

맞습니까?

프리드리히 1세 틀림없습니다.

이대로 변호사가 조약 내용이 담긴 문서를 판사에게 제출했다.

이대로 변호사 이 조약문을 증거로 제출하겠습니다.

판사 좋습니다. 그런데 이 조약에 어떤 의미가 있는 겁니까?

이대로 변호사 존경하는 판사님, 조약을 잘 읽어 보시면 그것이 곧 당시의 시대적 정의임을 알 수 있습니다. 기사와 농노는 절대로 평등할 수 없습니다. 즉, 기사는 자신의 행동을 변호해 줄 사람을 스스로 선택할 수 있지만 농노는 그렇지 않았습니다. 이로써 기사의 권한이 농노의 그것과 결코 대등하게 다루어질 수 없음을 분명히 하고 있지요.

판사 그 말씀에도 일리가 있군요.

이대로 변호사 기사도라는 게 있었더라도, 그것이 모든 시대를 뛰어넘는 보편적이고 절대적인 도리라고 단정 짓는 건 무리라는 이야기지요. 따라서 농노의 신분이었던 원고가 영주의 주군인 피고에게 무력으로 약속을 얻어 낸 행위 자체가 이미 불법이라는 것이 저희 피고 측 입장입니다.

판사 피고 측 변호인, 좀 더 구체적으로 입증해 주셨으면 합니다.

이대로 변호사 그러려면 새로운 증인이 필요합니다.

3 농노들은 어떤 삶을 살았을까?

판사 좋습니다. 증인은 나와서 선서해 주세요.

기욤이 증인석에 올라 선서한 뒤 자기소개를 했다.

기욤 안녕하십니까. 나는 기욤이라고 하는 농노입니다.

이대로 변호사 증인은 자신이 농노라고 밝히셨습니다. 그런데 11세기 중반 마르무티에 수도원 수사들의 거래 내역 장부에 따르면 증인은 자발적으로 농노가 되었다는데, 이것이 사실입니까?

기욤 문헌에 적힌 그대로입니다.

이대로 변호사 판사님, 증인의 말을 뒷받침하기 위한 증거물을 본 법정에 제출하기 전에 그 내용을 크게 읽어 보도록 하겠습니다. 허

선대
친절하게 잘 대접한다는 뜻입니다.

락해 주시지요.

판사 허락합니다.

이대로 변호사 본 문헌에 따르면, "기욤이라는 사람이 자유민의 가정에서 태어나 하나님의 사랑에 감동을 받고, 또 아무도 차별하지 않으시고 각 사람의 공로대로 대하시는 하나님께서 자신을 선대해 주시기를 바라는 뜻에서 자신을 마르무티에의 성 마르탱에게 농노로 바쳤다"라고 적혀 있습니다.

증인, 이 기록이 사실입니까? 네, 아니오로 대답해 주세요.

기욤 네.

이대로 변호사 증인 한 가지만 더 묻겠습니다. 증인처럼 자발적으로 농노가 된 사람이 또 있었습니까?

기욤 네, 그 수가 적지 않았어요.

이대로 변호사 존경하는 판사님, 농노로서의 삶이 정말로 저주받은 삶이라면 어느 누가 농노가 되기를 원하겠습니까? 앞서 원고 측에서 노예가 농노로 변하는 게 별 의미가 없다는 식으로 폄하한 것은 매우 독선적인 논리 전개라 할 수 있습니다.

판사 원고 측 변호인은 반대 신문하시겠습니까?

김딴지 변호사 네. 증인은 농노가 되기를 스스로 바랐다고 했습니다. 사람들이 무엇인가를 바라는 것은 그것이 긍정적인 결과를 가져오리라고 믿기 때문이지요. 그것이 아니라면 그것은 바람이라는 뜻과는 거리가 먼 것일 수 있어요. 동의하십니까?

기욤 네.

김딴지 변호사 그럼 증인이 자발적으로 농노의 신분을 선택한 이유가 무엇이었는지 이야기해 주시겠습니까?

기욤 사실 그 내용은 증거로 제출된 문서에 나와 있습니다. '각 사람의 공로대로 대하시는 하나님께서 나를 선대해 주시기를 바라는 뜻에서'라고요. 결국 내 스스로 농노가 되고자 했던 것은, 현실에서의 선택이 내세의 삶에 영향을 줄 것이라고 믿었기 때문입니다.

내세
죽은 뒤에 다시 태어나 산다는 미래의 세상을 이릅니다.

종
남의 집에서 대대로 천한 일을 하던 사람을 말합니다.

김딴지 변호사 좀 더 자세히 설명해 주시지요.

기욤 중세는 기독교적 가치관에 의해 모든 것이 움직이는 시대였습니다. 그리고 기독교에서는 종에 대해, 하나님이 죄를 지은 사람을 징벌하기 위해서이거나 혹은 사람을 낮추심으로 더욱 훌륭하게 만드시기 위한 존재라고 가르치지요. 즉 농노가 된다는 것이 나쁜 측면만 있는 것이 아니라, 매우 긍정적인 종교적 성장의 기회가 될 수도 있다는 말입니다.

김딴지 변호사 도대체 농노가 됨으로써 어떤 종교적 성장이 이루어진단 말입니까?

기욤 겸손이라는 덕목이 될 것입니다. 농노라는 천한 신분으로는 결코 다른 누군가에 대해 교만하거나 자만할 수 없기 때문이지요.

김딴지 변호사 그러니까 자발적으로 농노가 된 것은 종교적으로 성장하기 위해서였군요.

기욤 그렇지요. 농노가 된다는 것은 중세적 사고방식으로는 종교적 축복의 상태일 수 있었다는 말입니다.

김딴지 변호사 존경하는 판사님, 증인 기욤의 이야기에서 알 수 있듯이, 피고 측 변호인은 자발적 농노들의 의도를 지나치게 단순화시키고 있습니다. 덧붙여, 이처럼 순수한 의도를 가진 농노들을 악용하고 그들의 피땀의 결과를 강제로 빼앗은 영주라면 벌을 받아 마땅하다고 생각합니다.

이대로 변호사 이의 있습니다. 원고 측 변호인은 자신의 추측을 사실인 양 호도하고 있습니다.

판사 무엇 때문에 그렇다고 보시지요?

이대로 변호사 증인은 종교적 의도에서 농노가 되고자 했다고 말했을 뿐입니다. 농노가 어떤 의무를 지게 되는지도 모르고 증인이 농노 신분이 되기를 원했다고 볼 수는 없습니다. 만약 농노의 의무가 무엇인지 분명히 알면서 농노가 되고자 했다면, 그와 같은 의무에 따른 행위를 놓고 영주가 강제로 빼앗았다고 이야기할 수는 없기 때문입니다.

호도
명확하게 결말을 내지 않고 일시적으로 감추거나 흐지부지 덮어 버리는 것을 말합니다.

판사 그렇다면 농노가 대체 어떤 의무를 지고 있었는지, 그들에게 권리라곤 없었는지 살펴볼 필요가 있겠군요. 피고 측 변호인이 이에 대해 언급했으니 먼저 신문하도록 하세요.

이대로 변호사 감사합니다. 증인에게 묻겠습니다. 증인은 농노로서 지게 되는 의무에 대해 설명해 주시겠습니까?

기욤 세 가지만 말씀드리겠습니다. 즉 제조 부역, 수송 부역, 경작 부역이지요.

이대로 변호사 각 부역에 대해 자세히 설명해 주세요. 제조 부역이란 무엇입니까?

기욤 제조 부역이란 말 그대로 영주를 위해 많은 것을 제조해 주는 것입니다. 장원은 자급자족적 농촌 공동체였어요. 그런 만큼 필요한 것들은 모두 장원에 사는 사람들이 직접 만들어야 했습니다. 사람은 먹기만 하는 게 아니라 옷을 입고 마차를 이용하기도 하지요. 이런 물건들을 누군가 만들어야 하는데, 우리 농노들이야 직접 만들어 썼지만 영주는 그럴 필요가 없었어요. 제조 부역, 즉 영주가 쓰는 물건은 우리 농노가 만들어 주어야 했으니까요.

이대로 변호사 수송 부역은 무엇인가를 한 곳에서 다른 곳으로 옮기는 부역인가요?

기욤 역시 배우신 분이라 응용력이 뛰어나십니다. 농노들은 영주의 토지에서 나는 모든 것을 그의 가족에게 전달해 주어야 했습니다. 수레를 이용하거나 등에 짊어지고 옮겼지요.

이대로 변호사 밭에서 생산한 밀을 영주나 영주의 가족에게 배달해 주어야 했다는 말이군요.

기욤 맞습니다. 그렇게 설명하니 쉽네요.

이대로 변호사 마지막으로, 경작 부역이란 무엇인가요?

기욤 이것이야말로 농노들이 짊어져야 할 가장 큰 부역이었습니다. 영주 직영지를 경작하는 것으로, 농노들은 일주일에 적어도 세 번 이 경작 부역을 감당해야 했어요. 말이 세 번이지, 7일 중 하루는 안식일이니 실제로 농사를 지을 수 있는 나머지 6일 중 절반에 해당하지요.

이대로 변호사 존경하는 판사님, 그리고 배심원 여러분, 우리는 앞서 영주 직영지가 전체 장원에서 차지하는 비중이 많아야 절반이라는 걸 알았습니다. 그 이야기는 나머지 땅이 반 이상임을 의미합니다. ▶증인의 말에 따르면 모든 농노들은 자신들의 땅을 경작하는 데 3일, 영주 직영지를 경작하는 데 3일, 즉 절반씩 일했음을 알 수 있습니다. 이것을 볼 때 농노들이 영주만을 위해 살았다는 주장은 명백히 잘못되었음을 알 수 있습니다.

교과서에는

▶ 농노들은 일주일에 사흘은 자기 땅을 경작하고, 일요일에는 반드시 쉬며, 나머지 사흘은 수도원이 직접 경영하는 농장에 가서 일해야만 했습니다.

제조 부역
우리는 영주가
필요로 하는 모든 물건들을
만들어야 해.
수송 부역
영주의 토지에서 나는
것들을 우리가 직접
전달해야 하지.
경작 부역
일주일 중 사흘은
영주의 땅에서
일해야 해!

김딴지 변호사 이의 있습니다. 피고 측 변호인은 단순히 숫자를 열거함으로써 사실을 왜곡하고 있습니다.

판사 무슨 말입니까?

와트 타일러 제가 설명해도 될까요? 듣고 있자니 복장이 터져서…….

판사 좋습니다.

와트 타일러 어떻게 한 사람이 열 개의 빵을 먹는 것과 열 사람이 열 개의 빵을 나누어 먹는 것이 같다고 하겠습니까? 땅의 크기가 같다고 해서 그리고 일하는 양이 같다고 해서 농노들의 삶이 영주들을 위한 것이라는 사실이 바뀌는 것은 아닙니다. 그리고 3일이라고 했는데요, 증인, 증인은 정말로 일주일에 3일만 영주를 위해 경작했습니까?

기욤 그것이 농노의 의무였지요.

와트 타일러 난 지금 실제 생활이 어떠했는지 궁금해서 묻는 거예요. 정말로 일주일에 3일만 영주의 농지를 경작했습니까?

기욤 에이, 그럴 리가 있습니까? 의무는 어디까지나 의무일 뿐, 그 밖의 날에도 영주는 아무때나 농노들에게 노동력을 요구했지요.

김딴지 변호사 와트 타일러 씨, 이제 제게 맡겨 주시지요. 증인! 그럼 도대체 얼마나 많은 시간을 영주를 위해 쓰신 겁니까?

기욤 그건 가늠하기 어렵습니다. 영주는 언제든지 우리를 불러 일을 시킬 수 있었지요. 예를 들어 새로운 땅을 개간한다든가 하는 식으로요.

김딴지 변호사 그러니까 영주 직영지를 경작하기 위한 3일은 최소

한의 것이고 그 이상을 하는 경우가 많았으며, 다른 일을 하기 위해서 여러 번 여러 날씩 차출되었다는 말이지요?

기욤 그렇습니다.

김딴지 변호사 이것만으로도 피고 측 변호인의 신문이 매우 허술했음을 알 수 있습니다만, 정작 심각한 문제는 따로 있습니다. 바로 땅의 성질과 관련한 것이지요.

판사 땅에 성질이 있다고요?

김딴지 변호사 증인, 증인이 생각하기에 영주의 땅과 농노들의 땅의 질이 과연 같다고 할 수 있습니까?

기욤 그럴 리가 있겠습니까? 영주의 땅에서 나는 곡식은 참으로 차지고 탱글탱글한 좋은 것들이지요. 저희들의 땅으로는 어림없어요. 사실 땅 크기는 어느 정도 되었어도 실제로 농사지을 수 있는 땅은 많지 않았어요.

김딴지 변호사 존경하는 판사님, 들으신 대로 피고와 같은 영주들은 장원에서 비옥하고 기름진 땅을 갖고, 농노에게는 쓸모없는 땅을 주었지요. 소유한 것 하나 없이 오로지 주인의 뜻에 휘둘리며 살아야 했던 노예들에 비해 농노들의 삶이 나아진 것은 분명하지만, 그렇다고 영주가 농노를 인간답게 대접했다고 말할 수는 없을 것입니다.

판사 흠. 원고 측 변호인의 변론은 잘 들었습니다. 피고 측 변호인, 이의 없습니까?

이대로 변호사 그렇다 하더라도 우리가 증인을 통해 알고자 했던 것, 즉 증인이 자발적으로 농노가 되기를 원했고, 스스로 농노의 삶을 선택하기에 앞서 농노의 삶이 어떠하리란 것을 알았다는 사실은 바뀌지 않습니다. 자발적으로 선택한 이상 영주에 대한 자신들의 의무를 충실하게 이행하며 사는 것은 당연한 일입니다.

판사 원고 측 변호인, 이의가 없으면 오늘 재판을 마칠까 하는데요.

김딴지 변호사 존경하는 판사님, 한 가지만 분명히 하고 싶습니다.

판사 말씀하세요.

김딴지 변호사 증인, 증인은 자발적으로 농노가 되었다고 했는데, 그처럼 과도한 노동을 하게 될 것을 알고 있었습니까?

기욤 몰랐다고 말할 순 없습니다. 대다수 농노가 그렇게 살고 있었으니까요.

김딴지 변호사 그러면 농노로서의 삶을 선택한 것이 곧 영주에게 자신의 삶을 결정하도록 한 것이라고 이해해도 되겠습니까?

기욤 아닙니다. 내가 결정한 것은 종교적 헌신입니다. 나는 하나님을 섬기고자 했을 뿐, 결코 영주가 날 마음대로 부리기를 바랐던 것은 아닙니다.

김딴지 변호사 존경하는 판사님, 스스로 농노의 삶을 선택했을지라도 그 후 매우 불합리한 선택을 지속적으로 강요받게 된다면, 그가 그의 주인에게 자신의 뜻을 밝힐 수 있는 방법은 무엇이었을까요? 폭력적 방법밖에 없었을 것입니다. 이 재판에서는 원고가 피고에게 자신의 의사를 표현했던 방법이 과연 옳았는가 하는 방법에 대한 부분과, 원고가 피고에게 강요한 약속이 합당한 것이었는가 하는 내용에 대한 부분을 살피고 있습니다. 증인의 이야기를 종합해 보건

대, 원고의 행위는 자신의 정당한 권리를 찾기 위해 어쩔 수 없이 선택한 방법이었음을 분명히 알 수 있었습니다.

판사 알겠습니다. 하지만 자신이 선택해서 농노가 된 사람이라면 농노로부터 벗어나는 것도 자신의 의지와 관련된다고 이해할 수도 있겠지만, 원고는 자발적으로 농노가 된 것이 아니니 증인과는 상황이 다르다고 할 수 있습니다. 따라서 농노의 해방과 관련하여 과연 그 약속이 꼭 필요한 것이었는지 다시 한 번 살펴볼 필요가 있겠습니다. 오늘 재판은 여기서 마치고, 다음 재판에서 더욱 자세히 따져 보도록 하겠습니다.

땅, 땅, 땅!

중세 기사는 어떤 장비를 사용했을까?

● 공격용 장비

칼

기사는 긴 칼과 단검을 기본 무기로 사용했습니다. 이 중 칼은 기사에게 매우 중요해서, 엑스칼리버처럼 고유한 이름을 붙여 준 칼도 있었습니다. 긴 칼의 길이는 1미터가 넘었고, 단검도 길이가 40센티미터에 달하기도 했어요. 칼날은 한쪽만 쓰는 경우도 있었지만, 대체로 양쪽을 갈아 좌우 모두를 사용하도록 했습니다. 칼의 탄성을 높이고 무게를 줄이기 위해 칼 중심축 부분에 홈을 내어 사용했습니다. 손잡이는 끝이 둥근데, 수백 년 동안 유행에 따라 다양한 모습으로 변해 왔답니다.

창

창은 상대를 찌르기 위한 무기로, 기사들이 무리 지어 싸울 수 있었던 것도 이 창 때문이었습니다. 창은 이리저리 휘두르는 것이 아니라, 말 위에서 한 방향으로 들고 앞으로 전진하면 되는 것이었으니까요. 창은 매우 길어서 대략 3~3.5미터에 달했어요. 창을 쥐는 곳에는 원형 판이 붙어 있어서 상대의 공격으로부터 기사의 손을 보호했어요. 전투용 창 말고도 열병식용 창과 마상 경기용 창이 따로 있었어요. 이들은 좀 더 화려하고 길이도 더 길며, 상대에게 큰 부상을 입히지 않도록 끝이 납작한 철판으로 되어 있었답니다.

● 방어용 장비

갑옷

갑옷은 일일이 수공업으로 제조했습니다. 각 기사의 몸에 맞추어 정교하게 만들어야 했기 때문이지요. 갑옷도 전쟁용과 마상 경기용이 달랐습니다. 남에게 보여 주기 위해 만들어진 마상 경기용 갑옷에 비해, 전쟁용 갑옷은 훨씬 작고 활동하기 편하게 만들어졌지요. 갑옷은 기사만의 것은 아니었습니다. 기사가 타고 다니는 말도 갑옷을 입었어요. 말이 공격당하게 되면 기사의 전투력이 현저하게 떨어지기 때문이었지요.

방패

방패는 갑옷의 크기와 기능의 발달에 따라 그 모습을 달리했습니다. 갑옷의 보호력이 그리 높지 않았을 때는 방패가 매우 크고 묵직하게 만들어졌어요. 후에 갑옷이 발달해서 보호력이 높아진 뒤에는 방패도 가볍고 휴대하기 편한 형태로 되었습니다. 방패는 칼과 마찬가지로 방패를 소유한 사람이 누구인지 알려주는 기능도 했습니다. 앞쪽의 평평한 부분에다 기사들이 자신이 누구인지를 나타내는 그림, 즉 문장을 새겨 넣을 수가 있었지요.

투구

투구는 기사의 얼굴 등을 보호하기 위한 장비로, 최초의 투구는 스컬 캡입니다. 머리와 코만 가리는 투구지요. 그것이 얼굴 전체에 깡통을 씌우고 눈과 코 위치에 구멍을 뚫어 놓은 형태로 발달하게 됩니다. 바로 그레이트 헬맷이라고 불리는 것이에요.

그 뒤 등장한 바시네트는 얼굴 부분을 따로 들어 올릴 수 있도록 고안된 것입니다. 그레이트 바시네트는 바시네트에 측면 목가리개까지 달아 얼굴 부위를 완전히 가릴 수 있도록 고안된 것이고요. 하지만 얼굴 부분, 특히 입과 코 주위가 동물의 부리처럼 튀어나오도록 모습을 갖춘 것은 1350년 이후입니다. 그리고 마상 경기용 투구는 겉면을 둥글게 처리한 게 특징이에요. 창끝이 얼굴을 상하지 않게 하기 위해 고안된 것이지요.

역사공화국 시민 여러분, 오늘 재판에서는 장원 제도에 대한 증언이 많이 나왔습니다. 지난 재판에서 이야기된 봉건 제도가 중세의 정치적 관계를 보여 주는 것이라면, 장원 제도는 경제적 관계에 관한 것이었습니다. 장원의 모습과 장원에 살고 있던 사람들의 신분에 대한 많은 증언과 함께, 장원 제도하의 핵심적 관계라 할 수 있는 영주와 농노의 관계에 대한 증언들이 있었지요. 특히 오늘 법정에는 스스로 농노가 된 인물이 증인으로 나와 농노의 신분이나 역할에 대해 다소 낯선 증언을 하기도 했습니다. 농노가 영주에 대해 어떤 감정을 갖고 있었는지가 판결에 매우 큰 영향을 미칠 것으로 보이는 가운데, 다음 재판에선 보다 치열한 공방이 예상됩니다. 그러면 양측 변호인의 이야기를 들어 보도록 하겠습니다.

김딴지 변호사

오늘 재판을 통해 농노가 영주에게 어떤 핍박을 받았는지 소상히 알게 되어 매우 보람 있습니다. 영주가 장원에서 절대적인 권한을 가졌으며 재산상 막대한 권리를 행사하고 있었다는 점이 분명한 만큼이나, 농노가 얼마나 열악한 환경에서 생활할 수밖에 없었는지 확실히 전달되었다고 생각합니다. 이처럼 농노제가 폐지되어야 마땅한 제도였음을 밝힘으로써, 마지막 재판에서 원고 측 주장의 정당성을 분명히 입증할 기반이 마련되었다는 것을 말씀드리고 싶습니다.

이대로 변호사

영주들이 단지 횡포를 부리기만 했다는 편견에서 벗어날 수 있었던 귀중한 시간이었습니다. 노예 신분에 비해 농노는 어느 정도 권리가 인정되었고 사회적 지위 또한 격상된 긍정적 측면이 있었다는 점이 분명히 밝혀졌으니까요. 한편으론 영주들이 어느 정도 권한을 부여받는 게 마땅하다는 점을 설득력 있게 보여 주었다고 생각합니다. 당시 상황에서 그만 한 권한쯤 당연히 갖고 있어야 했지요. 이제 마지막 재판에서는 피고의 입장에서 볼 때 원고의 주장이 얼마나 터무니없는 것이었는지를 분명히 밝힐 것입니다. 관심을 갖고 지켜봐 주세요!

세금
세금

재판 셋째 날

왜 영주는 농노를 해방시켰을까?

1. 농업 혁명은 어떻게 일어났을까?
2. 농업 혁명으로 무엇이 변했을까?

교과연계

역사
VIII. 다양한 문화권의 형성
4. 유럽 세계의 형성과 발전
3) 변화의 물결 속에 르네상스가 시작되다

1 농업 혁명은 어떻게 일어났을까?

판사 오늘은 농노제를 폐지하겠다는 약속이 과연 필요했던 것인지, 원고의 요구가 과연 정당한 것이었는지에 대해 살펴보겠습니다. 원고 측 변호인은 그와 같은 약속이 왜 필요했는지 설명해 주시기 바랍니다.

김딴지 변호사 판사님, 증인으로 자크리 씨를 모시고자 합니다.

판사 좋습니다. 증인은 나와서 선서해 주세요.

다부진 체격의 자크리가 나와 선서한 뒤 증인석에 앉았다.

김딴지 변호사 증인, 우선 자기소개를 부탁드립니다.

자크리 저는 자크리입니다. '자크'라는 이름은 전형적인 프랑스 농민을 일컫습니다. 하지만 내 본명이 무엇인지는 그리 중요하지 않아요. 다만 제가 농민을 대표하는 사람이라는 것만 알아주세요. ▶나를 비롯한 프랑스 농민들은 원고와 같은 시대에 원고와는 다른 곳에서 농노로 생활하다가 원고와 마찬가지로 봉기를 일으켰습니다.

흑사병은 사회 구조를 변화시킬 정도로 유럽 사회에 큰 영향을 주었습니다.

김딴지 변호사 무엇 때문에 봉기하신 겁니까?

자크리 더는 견디기 어려웠기 때문이지요. 정말로 힘들게 버티고 있었으니까요.

김딴지 변호사 흠, 무엇이 그렇게 어려웠나요?

자크리 그거야 저기 앉아 있는 영주들, 혹은 사회 지도층이라 불리는 사람들이 정치를 잘못해서지요. 들어 보셨는지 모르겠지만, 당시 흑사병 때문에 전 유럽이 경제적으로 어려움을 겪고 있었어요. 이거야 하늘이 하는 일이라고 하겠는데, 문제는 영국과 프랑스가 벌인 전투입니다. 여기서 우리나라가 이겼다면 우리 농민들이 봉기하는 일은 없었을 테지요.

김딴지 변호사 영국과 프랑스 간의 전쟁과 그 전쟁에서 패배한 게 프랑스 농민들에게 어떤 어려움을 주었습니까?

교과서에는

▶ 전쟁으로 농토가 황폐해지고 기사들이 농촌을 약탈하자 1358년 5월 28일 수도원에 주둔한 기사들을 농민들이 습격합니다. 당시 프랑스 농민들을 '자크리'라고 불렀기 때문에 이 사건을 '자크리의 난'이라고 하지요.

자크리 세금 부담이 늘어났지요. 안 그래도 어려웠는데…….

김딴지 변호사 프랑스의 패배와 세금의 증가엔 어떤 연관이 있나요?

자크리 영국과의 전쟁에서 프랑스가 패한 후 프랑스 국왕 장 2세가 포로로 잡혀갔어요. 나라에서는 영국의 포로가 된 국왕을 되찾겠다며 세금을 늘렸지요. 앞서도 이야기했듯이 흑사병의 창궐로 먹고 살기가 가뜩이나 힘든 판에 세금을 더 내라 하니, 당신 같으면 가만히 있겠소? 굶어 죽으나 칼에 맞아 죽으나 어차피 죽게 된 거, 죽을 때 죽더라도 한 번 들이받아 버리자 했지요.

김딴지 변호사 당시 그런 봉기가 유럽 곳곳에서 일어났나요?

자크리 그렇습니다.

김딴지 변호사 증인이 봉기를 일으킨 건 언제입니까?

자크리 1358년쯤 됩니다.

김딴지 변호사 지난 재판 때 증언해 주신 샤를마뉴 대제가 742년에서 814년까지 사셨으니까 대략 500년 정도가 지난 시점이군요. 그리고 프리드리히 1세가 살았던 시기는 1122년에서 1190년까지니까 그로부터 따져도 대략 200년 정도 후이고요.

존경하는 판사님, 유럽에서 중세라는 시기가 이렇게 오래도록 지속되었다는 것을 기억해 주시기 바랍니다. 앞서 두 황제들이 말했던 봉건제나 장원제는 원고인 와트 타일러나 증인석에 계신 자크리가 살았던 시기와는 많은 차이가 있었을 듯합니다. 그렇지 않고서야 이전 시대에는 감히 나타나지 않았던 봉기가 이렇게 한꺼번에 일어날 수 있었겠어요?

만약 그러한 차이가 농노제가 더 이상 유지될 필요가 없을 만큼 특별한 상황을 만들어 가고 있었다면, 그러한 시대적 상황을 합리적으로 고려해야 할 것입니다.

판사 일리 있는 주장이군요. 그렇다면 원고 측은 우리가 고려해야 할 시대적 변화에 대해 설명해 주기 바랍니다.

김딴지 변호사 알겠습니다.

증인은 조상들에게서 전해 들은 바를 있는 그대로 말씀해 주세요.

자크리 알겠습니다.

김딴지 변호사 대략 1050년을 기점으로 농노가 해방되기 시작했다고 들었는데, 맞나요?

자크리 대충 그렇게 들었습니다.

김딴지 변호사 그리고 그와 같은 농노 해방이 농업 혁명과 관련된다고 알고 있어요. 맞습니까?

자크리 그렇습니다.

김딴지 변호사 그럼 농업 혁명과 농노 해방의 관계에 대해 설명해 주시기 바랍니다.

자크리 농노라는 말은 '호미를 든 사람'이라는 뜻입니다. 하지만 1050년까지만 해도 유럽 지역에 살던 사람들은 대부분 호미조차 갖지 못했지요.

김딴지 변호사 호미도 없었다고요? 그럼 무엇으로 농사를 지었단 말입니까?

자크리 그야 당연히 맨손이지요. 지금이야 맨손으로 농사를 지으라고 하면 누가 그렇게 하겠소만, 우리 조상들은 그렇게 살았다고 합디다.

김딴지 변호사 짐승들이 발로 땅을 파서 음식을 저장하는 것과 별반 다르지 않았군요.

자크리 그렇습니다. 그런데 18세기 후반부터 몇 가지 중요한 변화가 생겼습니다. 사람들은 그와 같은 변화를 농업 혁명이라고 부르더군요.

일석이조
돌 한 개를 던져 새 두 마리를 잡는다는 뜻으로, 동시에 두 가지 이득을 봄을 이르는 말입니다.

김딴지 변호사 조금 더 자세히 설명해 주세요.

자크리 농업 혁명이 일어난 데에는 크게 두 가지 이유가 있었습니다. 바로 경작지의 확대와 농업 기술의 발달이지요.

김딴지 변호사 농사지을 수 있는 땅이 늘어났다고요?

자크리 샤를마뉴 대제 때, 곧 카롤링거 왕조 시대에는 농사짓기 쉬운 곳만 농지로 썼다고 합니다. 아까 1050년 이전에 대다수 농민들은 호미도 없이 맨손으로 농사를 지었다고 했지요? 그러니 부드러운 땅만 경작할 수 있었을 것 아닙니까. 그 시대에는 땅을 깊숙이 파헤치거나 단단한 땅을 경작한다는 것은 꿈도 못 꾸었지요.

김딴지 변호사 그렇다면 농사짓는 면적이 지금보다 훨씬 적었겠네요?

자크리 당연하지요. 하지만 먹고사는 문제를 해결해야만 했던 농노들은 영주들 몰래 노는 땅을 조금씩 개간했어요. 당연하지 않습니까? 영주들이 알면 세금으로 몽땅 빼앗아 갈 테니까요. 그런데 시간이 지나면서 영주가 오히려 그와 같은 개간을 지원하기 시작했어요.

김딴지 변호사 오호, 왜 그랬을까요?

자크리 그야 세금을 더 많이 걷을 수 있기 때문이지요. 영주 입장에서는 농노에게 더 많은 땅을 준다는 명분을 세우고, 그 땅에서 나는 것들에 대해 세금도 걷을 수 있었지요. 일석이조라고나 할까요?

영주들은 개간을 통해 농사지을 수 있는 땅이 넓어지는 것이 더 이익이라고 생각했을 것입니다. 그래서 유럽 대륙 여기저기에 섬처럼 동떨어져 있던 장원들이 서로 경계를 맞댈 때까지 경작지를 넓혀 나가게 되었답니다.

김딴지 변호사 그랬군요. 농업 기술의 발달에 대해서도 말씀해 주시죠.

자크리 세 가지만 알려 드리지요. 그 세 가지란 심경(深耕) 쟁기의 사용, 삼포제 시작, 그리고 방아의 사용입니다.

김딴지 변호사 가장 중요한 것부터 설명해 주시죠.

자크리 무엇보다 심경 쟁기가 발명되어 사용된 것을 들어야겠지요. 워낙 중요한 물건이라서, 우리 집에도 할아버지의 할아버지, 또 그 할아버지의 할아버지쯤부터 물려 오던 심경 쟁기가 하나 있지요.

김딴지 변호사 심경 쟁기가 무엇입니까?

자크리 쟁기 무게를 무겁게 한 쟁기입니다. 심경 쟁기를 사용하기 전에는 많은 농민들이 가벼운 천경(淺耕) 쟁기만 사용했지요. 쟁기를 사용하는 주된 목적이 땅을 뒤집어 주는 것인데, 가벼운 쟁기로는 땅을 깊이 뒤집어 줄 수 없었어요. 따라서 쟁기의 무게가 무거워졌다는 것은…….

김딴지 변호사 땅을 깊은 데까지 뒤집을 수 있게 되었다는 것이군요. 그런데 이게 농업 혁명에 어떤 영향을 주었다는 건가요?

자크리 그건 앞서 이야기한 경작지의 확대와도 관련됩니다. 감히 생각지도 못했던 딱딱한 땅을 경작할 수 있게 된 거지요. 노동력도 많이 절약할 수 있었어요. 천경 쟁기로 두 번, 세 번 해야 했던 작업을 한 번에 할 수 있게 되었으니까요.

김딴지 변호사 이제야 이해가 되는군요.

자크리 그리고 배수로가 생긴 건 덤이에요. 배수로가 생기기 전에는 힘들여 농사를 지어 놔도 비가 많이 오면 몽땅 물에 잠겨 버렸지요. 그러나 배수로가 생긴 뒤에는 물이 알아서 빠지니 농사를 망치는 일이 없었어요.

휴한지
일정 기간 동안 경작을 하지 않고 묵히는 땅을 가리키는 말입니다.

김딴지 변호사 잘 알겠습니다. 그럼 삼포제란 무엇인가요?

자크리 ▶장원의 농지를 세 부분으로 나누어서 매년 3분의 1의 땅을 쉴 수 있게 한 것이 삼포제예요. 그리고 농사짓는 두 부분도 한쪽은 봄에 씨를 뿌려 가을에 수확하고, 나머지 한쪽은 가을에 씨를 뿌려 이듬해 봄에 수확하도록 번갈아 경작하는 거지요.

김딴지 변호사 농사짓는 기술을 이야기하다가 왜 갑자기 땅을 놀린다는 이야기를 하십니까?

자크리 흠. 농사에 대해 전혀 모르는 사람한테 설명하려니 힘이 드는군요.

김딴지 변호사 죄송하지만 좀 자세히 알려 주세요.

자크리 어쩔 수 없지요. 한 해 동안 농사를 지으면 그 땅은 이듬해에는 쉬도록 해야 합니다. 씨가 자라서 열매를 맺으려면 땅에서 영양소를 빨아들여야 하잖아요. 그럼 땅도 뺏긴 영양분을 보충할 시간이 필요하다는 것이지요. 쉬지 않고 농사를 짓는다면 수확이 매우 부실해질 수밖에 없습니다.

김딴지 변호사 그럼 삼포제가 시행되기 전에는 어떻게 했습니까?

자크리 매우 비효율적으로 땅을 이용했지요. 매년 땅의 절반 이상이 휴한지였어요. 그런데 삼포제가 도입되면서 땅의 3분의 1만 놀리고 봄가을로 번갈아 가면서 서로 다른

교과서에는

▶ 중세 유럽의 농업 방식으로, 땅을 춘경지, 추경지, 휴경지 셋으로 나누어 해마다 돌려 가면서 농사짓는 방법입니다.

곡식을 얻을 수 있게 된 거예요. 생산량이 얼마나 늘었을지 쉽게 짐작할 수 있을 것입니다.

김딴지 변호사 그럼 방아는 어떤 변화를 가져다주었나요?

자크리 알다시피 방아는 곡식을 빻는 기계입니다. 물의 힘을 이용해서 곡식을 빻는 것이지요. 그러니 방아를 적극 사용하게 되었다는 것은 그만큼 노동력을 절감할 수 있게 되었다는 의미지요. 그리고 이 기술을 이용해서 마침내 풍차도 만들게 되었어요. 물의 힘뿐 아니라 바람의 힘까지 이용하게 된 겁니다.

김딴지 변호사 결과적으로 농노의 삶의 질이 매우 향상되었군요.

판사님, 이상입니다.

판사 피고 측 변호인, 반대 신문하세요.

2 농업 혁명으로 무엇이 변했을까?

이대로 변호사 증인은 역사적으로 매우 큰 죄를 짓고도 이렇게 뻔뻔하게 증언대에 오른 것에 대해 가책 같은 것은 없나요?

김딴지 변호사 이의 있습니다. 피고 측 변호인은 증인을 죄인으로 몰고 있습니다. 증인의 지위를 보호해 주시기 바랍니다.

판사 피고 측 변호인, 조심하세요.

이대로 변호사 네. 증인은 지금까지 농업 혁명을 통해 엄청난 생활의 변화가 있었다는 점을 이야기했습니다. 맞나요?

자크리 그렇습니다. 무엇보다 농업 생산량이 어마어마하게 증가했어요. 카롤링거 왕조, 즉 샤를마뉴 대제 시절에는 씨앗 대 수확물의 비율이 대략 2배 정도였는데, 1300년경에는 적어도 3배, 많게는 4배까지 되었어요. 그러니까 곡식 한 알갱이를 심으면 두 개를 얻던 것이 세 개, 네 개까지 얻게 되었다는 것이지요.

이대로 변호사 정말로 생산량이 늘긴 했군요. 하지만 여긴 법정입니다. 증인은 농노의 삶의 개선에 초점을 맞춰 주시기 바랍니다.

자크리 알겠습니다. 물론 생산량이 증대된 만큼 농노가 더 많이 일해야 했다면 아무런 소용이 없었겠지만, 오히려 필요한 노동의 양은 줄어들었습니다. 예를 들어 방아 하나가 농노 40명의 일을 감당했거든요.

이대로 변호사 네? 그러면 일 안 하고 노는 사람이 늘어났다는 건가요?

자크리 에이, 그럴 리가 있습니까? 새로운 땅을 개간하면서 사람들은 땅을 사용하는 방법에 있어서도 많은 것을 터득했지요. 엄청나게 넓은 땅에 소와 돼지를 풀어 놓고 기르기 시작했고요, 포도와 같은 과실나무를 심는 곳도 늘어났지요. 농노들이 농사에 직접 종사하지 않더라도 여전히 일할 곳은 차고 넘쳤어요.

이대로 변호사 그러면 농노가 일을 많이 했다는 이야기 아닙니까? 그래서 농노들의 삶의 질이 개선되었다는 겁니까, 개선되지 않았다는 겁니까?

자크리 분명히 개선되었어요. 일의 양이 전체적으로 늘었는지 줄었는지는 분명하지 않지만, 그처럼 생산량이 증대되었기에 어느 정도 곡식을 남겨 저장할 수 있게 되었고, 따라서 농노들은 처음으로 안정적이면서도 규칙적으로 식량을 조달할 수 있었지요. 또한 목축업의 발달로 농노들도 고기라는 것을 먹을 수 있게 되었고요. 사실 그 전에야 음식을 먹어도 먹는다고 말하기 그렇고 똥을 싸도 싼다고 말하기 뭐한 그런 생활을 했으니까요.

이대로 변호사 먹고사는 문제가 어느 정도 해결된 것 외에도 전체적으로 농노들의 삶의 질이 향상되었다는 점을 좀 더 설명해 주시겠습니까?

자크리 평균 수명이 대략 10년에서 20년 정도 늘어난 것도 이야기할 수 있겠네요. 농업 혁명 전에는 30세 정도가 평균 수명이었지요. 하지만 농업 혁명 이후에는 40~50세 정도로 늘었다고 알고 있습니다.

이대로 변호사 수명이 늘어났다면 노인들이 많아져서 생산력 증대에는 오히려 도움이 되지 않았을 텐데요.

자크리 아닙니다. 그만큼 출생률도 높아졌거든요. 1050년부터 1300년 사이에 유럽 인구가 약 3배로 증가했어요. ▸인구가 늘고 농기구도 발달하다 보니 모든 사람이 농사를 지을 필요가 없게 되었어요. 그래서 농민들이 도시로 이주해 새로운 생활 방식을 찾을 수도 있게 되었지요.

이대로 변호사 아하, 그러니까 생활에서 정말로 많은 발전적 변화가 있었군요. 그렇다면 그런 변화 속에서 영주들이 농노들에게 자유를 준 사실도 알고 있나요?

자크리 알고 있습니다.

이대로 변호사 먹고사는 것도 어느 정도 나아졌고 게다가 자유까지 얻게 되었으니, 농노는 이제 행복한 삶을 살

교과서에는

▸ 임금이 오르자 농노의 장원 이탈도 가속화되게 됩니다.

수 있게 되었군요.

자크리 어느 정도는 그렇다고 할 수 있지요.

이대로 변호사 그러면 농노에게 그처럼 은혜를 베푼 사람들에게 난동을 부린 것이 옳다고 생각하십니까?

김딴지 변호사 이의 있습니다. 피고 측 변호인은 영주의 의도를 거

짓으로 꾸며서 증인이 그릇된 판단을 내리도록 유도하고 있습니다.

이대로 변호사 어째 말씀이 그러하시오? 그러면 농노에게 자유를 준 것이 영주들의 은혜가 아니고 무엇이란 말이오?

김딴지 변호사 증인, 증인은 그것이 영주의 은혜라고 생각하십니까?

자크리 아닙니다. 그것이 어떻게 영주의 은혜이겠습니까? 그와 같은 농노 해방이 지속적으로 이루어지면서 농노들의 실제 생활이 전체적으로 좋게 발전했다면 모를까, 오히려 더욱 어려워졌다면 그것이 어떻게 은혜일 수 있겠습니까?

김딴지 변호사 증인은 영주들이 무엇 때문에 농노들에게 자유를 주었다고 생각하시나요?

자크리 그야 영주 자신에게 이익이 되었기 때문이지요.

이대로 변호사 증인, 그게 말이 됩니까? 증인은 농노가 영주의 재산이라는 점을 잊으셨나요?

자크리 당시 농노가 영주의 재산에 다를 바 없었다는 것은 잘 알고 있습니다.

이대로 변호사 그러면 농노를 해방시키는 것은 곧 재산을 포기하는 것과 마찬가지라는 것도 아시겠군요?

김딴지 변호사 이대로 변호사, 영주가 농노를 해방시키면 농노라는 재산을 잃게 된다는 건 그 일에 따르는 부분적인 의미일 뿐이라는 걸 몰라서 하는 말입니까?

이대로 변호사 어째서 그것이 부분이란 말입니까?

김딴지 변호사 사실 영주가 농노를 해방시킨 것은 그로 인해 영주에게 더 큰 이익이 돌아갔기 때문이지요. 증인, 그렇지 않습니까?

자크리 맞습니다. 농노를 해방시켜 주었다는 사실만 놓고 보면 매우 도덕적이고 훌륭한 분들이라고 생각되기도 하지만, 공짜로 해방시켜 준 경우는 없다고 보는 게 맞아요.

김딴지 변호사 농노가 영주에게서 벗어나려면 무엇이 필요했나요?

자크리 당연히 돈이지요.

김딴지 변호사 아하, 그때쯤이면 화폐 경제가 어느 정도 자리를 잡았겠군요.

자크리 그렇습니다. 영주는 농노를 해방시키면서 농노가 가진 재산 전부를 요구했지요.

이대로 변호사 이보시오, 증인, 농노가 가진 재산이 얼마나 된다고 그러십니까?

자크리 이 변호사님, 농노가 재산이 없었다고 말씀하시는 것은 곤란합니다. 잘 아시겠지만 농노는 자신의 땅을 가지고 있던 사람들입니다. 그 땅값만 해도 적지 않았지요. 물론 영주는 알토란 같은 영주 직영지를 경작시키기 위해 농노에게 땅을 준 것에 지나지 않았으므로, 그 땅은 불모지, 즉 농사를 짓기 어려운 땅이긴 했어요.

이대로 변호사 거봐요, 쓸모없는 땅이었지 않소!

자크리 이 변호사님 말씀대로 원래는 쓸모없는 땅이었지요. 하지만 아까도 말씀드렸듯이 농업 혁명 이후로 상황이 많이 바뀌었어요. 그 땅에도 농사를 지을 수 있게 되었거든요. 그러니 영주는 그 땅을 차지하여 큰 이익을 얻으려 했지요.

김딴지 변호사 그것뿐입니까?

자크리 원래 농노가 맡아야 했던 가장 큰 임무는 부역, 즉 노력 봉사였습니다. ▶하지만 영주는 부역보다 세금을 걷는 것을 더 좋아했어요. 농노의 땅을 차지하면 땅은 땅대로 갖고 세금은 세금대로 걷을 수 있으니 얼마나 좋았겠어요?

김딴지 변호사 영주들이 부역을 시키는 대신 세금을 걷게 된 게 농노들에게는 어떤 영향을 미쳤나요?

자크리 부역은 시간만 때우면 되는 것이었어요. 하지만 세금은 정해진 액수를 내는 것이지요. 악랄한 영주들은 농사가 어떻게 되었는지, 흉년인지 풍년인지 따위는 안중에 없었어요. 농노는 무작정 정해진 액수를 내놓아야 했습니다. 흉년이 들어도 풍년이 들었던 때와 똑같이 세금을 내야만 했답니다.

김딴지 변호사 농업 혁명 이후 농노들의 삶이 조금 나아진 것은 사실이지만, 영주들과의 관계 때문에 결국 획기적으로 발전하지는 못했다는 말이군요.

자크리 네, 그렇습니다.

김딴지 변호사 이번에는 영주의 삶에 대해 이야기해 보았으면 하는데요. 영주의 삶이 어떻게 되었을지는 짐작하고도 남지만, 한번 정리한다는 의미에서 말씀해 주셨으면 합니다.

자크리 더 이야기할 것이 있겠습니까? 영주는 농노들

교과서에는

▶ 영주들은 농민의 부역을 폐지하였으며, 직영지를 농민에게 빌려 주고 지대를 현금 또는 생산물로 받고자 하였습니다.

을 풀어 주는 대가로 땅을 받았으니, 재산은 재산대로 불리고 동시에 세금도 많이 벌어들이게 된 것이지요.

김딴지 변호사 그야말로 꿩 먹고 알 먹고, 가재 잡고 도랑 치고, 누이 좋고 매부 좋고, 님도 보고 뽕도 따는 일이었군요.

자크리 두말하면 잔소리지요.

김딴지 변호사 존경하는 판사님, 이제 영주가 도덕적 감정에 북받쳐서 농노들에게 자유를 준 게 아니라는 점이 분명해졌습니다. 그건 이익을 내기 위한 투자에 불과했지요.

판사 그런 측면이 있군요. 피고 측 변호인, 더 할 이야기가 있습니까?

이대로 변호사 오늘 논의는 농업 혁명과 관련한 것이었습니다. 더구나 증인은 원고와는 다른 상황에서 난동을 부린 자입니다. 따라서 증인의 이야기를 그대로 본 재판의 증거로 삼기에는 매우 불충분하다고 봅니다.

김딴지 변호사 이의 있습니다. 본 재판은 원고가 피고에게 요구했던 약속의 내용, 즉 농노제가 시대적으로 맞지 않다는 점을 분명히 하고자 했던 것입니다. 그래서 농노제가 어떻게 변화되고 있었는지 알아보았던 것이지요. 적어도 농업 혁명 이후로 농노제가 처음의 모습과는 매우 다르게 진행되고 있었다는 점을 인정해야 할 것입니다.

이대로 변호사 그렇다고 하더라도 저 증인이 저질렀던 난동과 원고의 상황이 같다고 말할 수는 없어요.

판사 피고 측 변호인, 그건 또 무슨 말입니까?

이대로 변호사 존경하는 판사님, 14세기에 들어 유럽 전역에서 농노들의 난동이 많이 일어난 것은 사실입니다. 하지만 이 난동들이 모두 같은 상황에서 일어난 것은 아닙니다. 그렇지 않습니까, 증인?

자크리 그거야 그렇지요.

이대로 변호사 그에 대해 원고는 어떻게 생각하십니까?

와트 타일러 저도 그 생각에는 동의합니다.

이대로 변호사 김딴지 변호사, 증인과 원고 모두 서로의 상황이 달랐다는 점에 동의했습니다. 따라서 저 증인의 말을 그대로 받아들여서는 안 된다고 봅니다.

김딴지 변호사 그렇다면 하나씩 따져 보도록 하죠.

원고에게 묻겠습니다. 원고는 자신이 처했던 상황이 저 증인과 어떻게 달랐는지 이야기해 주시겠습니까?

와트 타일러 제가 알기로 증인이 영주에게 덤빈 것은 먹고살기가 매우 어렵게 되었기 때문이라고 합니다. 하지만 저는 먹고사는 문제가 그렇게 심각한 정도는 아니었지요.

김딴지 변호사 어떻게 달랐는지 좀 자세히 들었으면 하는데요. 우선 증인은 어떻게 해서 먹고살기가 어렵게 되었나요? 아까는 농업혁명으로 경제적 형편이 많이 좋아졌다고 하지 않았나요?

자크리 분명히 그랬어요. 하지만 경제적 호황에도 불구하고, 흑사병은 참으로 많은 것을 앗아 갔습니다. 그리고 앞서 말씀드렸듯이 멍청하게 적국에 포로가 된 국왕을 데려오기 위해 영주들이 엄청난 세금을 걷었지요. 그러니 먹고사는 일에 큰 타격을 받을 수밖에요.

김딴지 변호사 알겠습니다.

이제 원고에게 묻겠습니다. 원고가 난을 일으킨 이유를 설명해 주시겠습니까?

와트 타일러 첫날 이야기를 다 했는데, 왜 새삼스럽게 묻고 그러시오?

김딴지 변호사 아무래도 피고 측에서 잘 이해를 못하는 듯해서, 증인과의 차이를 좀 더 분명하게 해 두려는 겁니다.

와트 타일러 우리야 증인하고는 상황이 좀 다르지요. 전쟁으로 인한 피해가 없었으니까. 전쟁에서 졌다면 보다 나은 삶에 대한 기대도 갖지 못했을 거예요. 하지만 우린 그와 달랐어요. 전쟁에서 이기기도 했거니와 흑사병 때문에 지대는 낮아지고 임금은 오히려 높아졌으니, 당연히 더 나은 삶을 살 것이란 기대로 충만했지요!

김딴지 변호사 그러니까 자크리 등은 삶에 대한 절망에서 난동을 일으켰지만, 원고는 그보다는 기대가 허물어졌기 때문에 일을 벌였다는 말씀인가요?

와트 타일러 그렇지요.

김딴지 변호사 그렇게 기대를 허문 사람들 역시 영주였지 않나요?

와트 타일러 물론입니다. ▶영주들은 우리에게 더 높은 임금을 주려 하지 않았어요. 강제로 낮은 임금을 받고 일하도록 법을 만들었단 말이오.

김딴지 변호사 잘 알겠습니다.

존경하는 판사님, 피고 측 변호인은 증인인 자크리와 원고인 와트 타일러의 상황이 다르다는 이유로 증인을 인정하려 하지 않습니다. 물론 둘의 상황은 다르지요. 하지만 그렇다고 영주와 농노의 대립 관계가 문제를 촉발시킨 주범이라는 점조차 다른 것은 아닙니다. 영주들이 농노들의 변화된 삶을 인정하지 않고 자신들이 가진 권한으로 농노들에게 터무니없는 것을 요구했기 때문에 벌어진 일이라는 점에서 두 난동은 정확히 일치합니다. 결국 자크리의 증인으로서의 효력을 인

교과서에는

▶ 부당한 대우를 받던 농민들은 국왕 리처드 2세에게 농노제의 폐지, 상거래의 자유, 고정 지대 4펜스를 요구하여 승인을 받기에 이릅니다.

정해야 한다는 말입니다.

판사 내 생각도 그렇습니다. 증인은 증인으로서의 자격이 충분하며, 증인의 증언은 본 법정에서 충분히 고려될 것입니다.

모두 수고하셨습니다. 잠시 휴정한 뒤 원고와 피고 양측의 최후 진술을 듣고 재판을 마치겠습니다.

중세 유럽 최악의 재앙, 흑사병

흑사병은 유럽 전역에 매우 중요한 변화를 야기했습니다. 페스트균에 의한 흑사병에 걸리면 겨드랑이 등에 종기가 걷잡을 수 없이 번지고, 팔다리에 검은 반점이 생기고 고열에 시달리다가 3~5일 내로 죽게 됩니다. 폐렴성 흑사병에 걸리면 종기가 나는 대신 기침을 하면서 피를 토하다가 3일 이내에 죽게 된다고 알려져 있습니다.

이렇게 무서운 흑사병이 유럽에 창궐하게 된 것은, 14세기 초에 닥친 자연재해와 이에 따른 경제적 어려움, 비위생적 환경 등을 원인으로 들 수 있습니다. 유럽은 14세기에 들어 평균 1도 정도 온도가 상승했어요. 그런데 이 1도 때문에 너무도 큰 변화가 일어나게 되지요. 작물이 잘 자라는 데 필요한 계절이 짧아져 곡물 농사를 지을 수 있는 지역이 줄어들었어요. 엎친 데 덮친 격으로 유럽 서북부에선 대홍수가 나서 작물이 몽땅 쓸려 갔어요.

농업 환경의 변화로 인해 많은 사람들이 기근에 빠졌습니다. 인구는 끊임없이 늘어나는데 식량은 줄어 먹을 것이 부족해진 것이지요. 이제 사람들은 곡식 종자는 물론이고 집에서 기르던 고양이와 개, 심지어 쥐까지 잡아먹게 됩니다. 매우 비위생적인 삶이 이어진 것은 말할 나위 없지요. 결국 전 유럽으로 퍼진 흑사병 때문에 서유럽 인구의 3분의 1 가량이 줄어들었다고 해요.

흑사병으로 인구가 많이 줄어든 뒤 유럽은 새로운 변화를 맞게 됩니다. 농업의 전문화가 이루어져 식량 생산은 점차 회복되는데 인구는 엄청나게 줄어 곡물 가격이 저렴해진 거예요. 먹을 사람은 없는데 팔 수 있는 곡물이 늘었으니 당연한 일이지요. 이제 사람들은 싼값에 생필품을 사고 남은 돈으로 좀 더 비싼 유가공 제품이나 고기, 포도주 등을 살 수 있게 되었습니다. 당연히 이러한 것을 생산하는 전문가들이 등장하게 되었지요.

죽음의 춤에 그려진 흑사병

휴 정
인터뷰

다알지 기자

조금 있으면 세기의 판결이 나올 텐데요. 원고와 피고는 지금 어떤 마음가짐인지 궁금합니다. 오늘은 중세 농업 혁명기에 대한 상세한 증언이 있었습니다. 농업 혁명이 어떻게 일어나게 되었으며, 농업 혁명으로 인해 사람들의 생활, 그중에서도 영주와 농노의 생활에 어떤 변화가 있었는지 진술들이 오고 갔습니다. 농업 혁명이 영주와 농노 모두의 삶에 매우 긍정적인 변화를 가져다주었다는 결론이었는데요, 여기서 원고와 피고의 이야기를 직접 들어 보시겠습니다.

와트 타일러

가슴이 벅차오름을 느낍니다. 농노제 폐지를 요구했던 나의 주장이 제가 살던 시대의 상황에 비추어 보아 결코 허황된 것이 아니었음을 오늘 재판에서 분명히 알 수 있었으며, 그래서 매우 뜻깊은 시간이었습니다. 영주들은 변화된 상황을 받아들이지 않고 최고 임금제 법률을 강제로 통과시키면서까지 과거의 부를 유지하려고 했지요. 이처럼 영주들이 우리 농노들에게 정당하게 주어져야 할 몫을 가로채려고 했던 것은 명백히 잘못된 일이었지요. 지금까지의 진행 상황을 살펴보건대, 리처드 2세에게 유죄 판결이 내려질 게 확실해 보입니다.

리처드 2세

참으로 뻔뻔하군요. 당시 난 열다섯 살밖에 되지 않았소. 그런 내게 엄청난 물리적 폭력을 앞세워 약속하게 해 놓고는 그것이 정당한 효력을 갖는다고 주장하다니 얼마나 가소로운 일이오? 오늘 재판을 지켜보면서 내가 국왕으로서 나라의 질서를 어지럽힌 사람들을 매우 효과적으로 제압했음을 아셨을 겁니다. 오늘의 증언은 농노들이 몇 가지 사회적 변화를 틈타 허황된 신분 상승을 꿈꾸며 작당한 일을 보여 주는 것이었어요. 나야 농노들뿐만 아니라 영주들의 이익도 충분히 보살펴야 하는 국왕이었으니, 억지로 맺은 약속을 지켜 가면서 내가 농노들한테만 유리한 일을 했어야 했다고 주장하는 건 터무니없지 않소? 법정도 이러한 정황을 분명히 인지하여 합리적인 판결을 내릴 거라고 믿어 의심치 않는 바이오.

농노를 해방하겠다던 약속을 지켜야 했습니다
vs
자신의 신분을 잊고 군왕에게 저항한 것을 반성하시오

판사 최종 판결을 내리기에 앞서 원고와 피고의 최후 진술을 듣고자 합니다. 피고가 먼저 진술해 주세요.

리처드 2세 세 번의 재판을 거치는 동안 자리를 지켜준 배심원과 방청객 여러분에게 감사드립니다. 물론 내 입장을 하나에서 열까지 놓치지 않으려고 최선을 다해 준 이대로 변호사에게도 감사의 말을 전하오.

이 자리에서 내가 분명히 말하고 싶은 것은, 모든 역사적 사건들은 그 당시의 가치관을 통해 이해해야 한다는 겁니다. 그러지 않고 현재의 관점에서 과거를 이야기한다면 어느 하나 올바른 시대는 없을 것이오. 따라서 농노제에 관한 것도 현재의 시점이 아닌 당대의 기준에 따라 평가해야 하오. 내가 원고인 와트 타일러와의 약속을 이행하지 않은 데 대한 판단 역시 그 당시의 시대적 상황을 고려하지 않는다면 아무런 의미가 없다고 할 수 있지요.

두말할 것 없이 당시는 봉건적 체제가 든든하게 떠받치고 있던 시대였어요. 다들 알다시피 국왕인 나는 여러 봉신의 주군으로서 이들의 이익을 보장해 줄 의무가 있었지요. 또한 장원의 장으로서 영주들의 삶을 관리 감독하는 것도 내가 할 일이었소. 농노들이 나의 이익을 위해 봉사하는 것이 마땅하지, 내가 여러 봉신들, 혹은 영주들의 이익을 외면하면서까지 농노들의 이익을 보장해 줄 의무는 어디에도 없었단 말이오. 비록 중세 초기에 비해 영주들의 힘이 상대적으로 약해지긴 했으나, 그렇기에 더욱 나는 영주들의 이익을 지켜주어야만 했소이다. 재판장과 배심원들은 이 점 십분 헤아려서 합당한 판결을 내려주길 바랍니다.

와트 타일러 물론 시대적 상황을 고려해야 하는 사건도 많습니다. 하지만 이번 사안은 피고, 즉 리처드 2세의 잘못임이 분명합니다. 중세 초기나 농업 혁명의 격변기에는 농노들의 난이 일어나지 않았던 걸 보면 알 수 있지요. 분명 장원제나 봉건제가 자리를 잡아 가던 중세 초기에는 농민들이 노예 신분에서 농노 신분으로 나름 긍정적인 변화를 맞고 있었으며, 농업 기술이 발전하면서 경제적·정치적으로 매우 의미 있고 가치 있는 변화가 있었지요.

하지만 우리가 살았던 시대의 상황은 매우 다릅니다. 흑사병이 퍼졌고, 영주들은 자신들의 이익을 보전하기 위해 말도 안 되는 법을 만들어 우리 농노들의 재산을 가로채려고 했지요. 그것은 우리의 재산을 빼앗는 것, 우리에게 우리들의 권리를 포기하라고 종용하는 것이었지요. 이처럼 당시 상황을 고려하더라도 농노제를 폐지하자는 우리들의 주장이 터무니없다고 말할 수는 없을 것입니다.

모든 것에 시대적 상황을 고려해야 한다는 주장에도 저는 동의할 수 없습니다. 때로는 시대적 상황과 무관한 보편적 기준도 있는 것이지요. 약속은 누구나 지켜야 하는 것입니다. 그 내용이 보다 발전적인 것을 함축하였다면 당연히 지켜야 하지요. 강압에 의한 약속이었다고 변명할지도 모릅니다. 하지만 저 리처드 2세는 그러한 물리적 폭력 따위에 굴복하지 않을 의무가 있습니다. 또한 약속의 내용이 전혀 불합리하지 않았다는 점에서, 간사한 꾀로 약속을 어긴 것은 다만 보편적 기준에 위배되는 행동을 한 것에 지나지 않습니다.

판사님과 배심원 여러분께서는 이 모든 것을 고려하여 현명한 답으로 저의 억울함을 풀어 주실 거라고 생각합니다.

판사 두 분의 말씀을 잘 들었습니다. 오랜 시간 양측 모두 수고하셨습니다. 최후 판결이 나올 때까지 서로에게 쌓인 앙금을 풀면서 좋은 마음으로 기다려 보는 것이 좋을 듯합니다.

배심원의 판결서는 4주 후 저에게 전달될 예정입니다. 저는 배심원의 판결서를 참고하여 판결문을 공개하겠습니다. 그때까지 방청객과 기자 여러분도 이번 재판에 대해 각자 판결을 내려 보시기 바랍니다.

땅, 땅, 땅!

역사공화국 세계사법정 재판 번호 21 와트 타일러 VS 리처드 2세

주문

역사공화국 세계사법정은 와트 타일러가 리처드 2세를 상대로 약속을 이행하지 않은 데 대한 처벌을 요구한 청구에서 원고 승소 판결과 동시에 집행 유예 판결을 내린다.

판결 이유

원고인 와트 타일러는 피고가 농노제를 폐지하겠다고 약속했음에도 자신이 죽은 뒤 약속을 이행하지 않았으니 상응하는 처벌을 받아야 한다고 주장했다. 이에 피고인 리처드 2세는 위협적인 분위기에서 억지로 약속해야만 했고 그 약속의 내용이 시대 상황에 어긋나기 때문에 지킬 필요가 없었다고 주장했다. 여기서 리처드 2세의 주장은 사실임이 인정된다. 하지만 당시 와트 타일러를 위시한 농노들이 그와 같은 방법 외에 다른 수단을 사용할 수 없었다는 점에서, 물리적인 폭력이 수반되었다는 이유로 정상적인 계약이라고 볼 수 없다는 피고의 항변을 인정할 수 없다.

그리고 농노제 폐지라는 약속의 내용이 당시의 상황에서 적절하지 않았다는 피고의 항변에 대해서 본 법정은 이유 없다고 판단한다. 농

업 혁명 이후 많은 영주들이 스스로 농노들을 해방시킴으로써 농노들로 하여금 신분적 구속에서 벗어날 수 있을 것이란 기대를 품도록 했으면서도, 흑사병 이후에 영주 자신들의 이익을 보전하기 위해 농노들을 다시 과거의 불행한 환경에로 내몰려고 했던 정황이 고려되었기 때문이다.

하지만 이와 같은 원고 승소 판결에도 불구하고 집행을 유예하는 이유는, 우선 농노제가 이미 폐지되었기 때문이다. 원고와 피고가 맺은 계약이 이미 역사적 발전 속에서 이루어졌으므로 이를 강제적으로 실행시킬 명분이 없어졌다는 것이 본 법정의 판단이다. 또한 리처드 2세가 결국 의회에 의해 군주의 자리에서 쫓겨나고 죽임을 당하는 등 그 말년이 비참했던 것도 정상 참작의 사유이다. 피고는 이미 군주로서의 위용도 상실하였는바, 피고의 상황이 이미 역사 속에서 처벌받았다고 판단한 것이다. 따라서 피고에게 약속 불이행에 따른 책임을 다시 묻는 것은 정도를 벗어난다고 본다.

이 사건을 통해 사람들이 자신이 살아가고 있는 시대의 정신이 어떤 것인지, 나아가 역사 속에서 반드시 지켜져야 할 가치가 무엇인지 확실히 깨달아 의식 있는 삶을 살아가길 바라는 바이다.

역사공화국 세계사법정 담당 판사 명판결

에필로그

"역사를 바르게 평가하는 기준을 세워야 해"

와트 타일러와 리처드 2세의 재판이 모두 끝난 법정 안은 새로 시작된 재판으로 소란스러웠다. 그 가운데 어리둥절한 표정으로 서 있는 사람이 있었으니 바로 이대로 변호사였다.

"어? 여긴 법정이네? 재판이 다 끝났는데 내가 왜 여기에 서 있지? 가만, 여긴 피고인 자리잖아! 그럼 누군가가 나를 고소했다는 건데? 도대체 뭐가 어떻게 돌아가는 거지?"

한참을 두리번거리던 이대로 변호사는 판사의 자리에서 무엇인가 번쩍이는 물건을 발견하고는 소스라치게 놀랐다.

"엇! 저것은? 양날의 번쩍이는 검, 어딘지 모를 성스러운 분위기, 손잡이에 선명하게 새겨진 고풍스런 문양. 그래, 저건 틀림없이 엑스칼리버야. 그런데 저 칼이 왜 저기에?"

그때 갑자기 호통 소리가 들렸다.

"네 이놈! 피고석에 올랐으면 조용히 있어야 하거늘 뭔 구시렁거리는 소리가 그리도 많은가!"

"실례지만 뉘신지?"

"네가 저 칼을 보고도 내가 누군지 모른단 말이냐? 난 영국 전설에 등장하는 아서 왕이다. 내가 너의 지난 변론을 지켜보다가 복장이 터져서 응징하기로 마음먹고 이렇게 너를 고소했느니라."

"짐작은 했지만, 내가 왜 이 피고인석에 서 있는지 연유를 몰라 조금 어리둥절했습니다. 용서해 주세요. 그런데 제 변론이 마음에 들지 않으셨다니 솔직히 이해하기 어렵네요."

"예끼! 판사의 판결을 듣고도 네 죄를 네가 모른단 말이냐! 많이 배우고 많이 깨쳤으면 아무나 변호해서는 안 되거늘. 그 리처드 2세란 놈은 기사로서의 자존심도 없고 왕의 자격도 없는데, 네놈이 그런 놈을 변호했으니 너 또한 같이 혼나야 할 것 아니냐."

"아니, 판결이 다 끝난 걸 가지고 왜 또 그러십니까. 아무리 죄인이라도 정당한 권리를 함부로 침해받지 못하도록 변호하는 것이 저의 일이 아닙니까요."

"그렇지. 그것이 너의 일이지. 하지만 그렇다고 죄가 있는 것을 없다고 주장하는 것은 분명 잘못이야. 네가 혼나야 하는 이유는, 처음부터 리처드 2세가 죄가 없다고 주장한 바로 그 점이야."

"제가 중세 역사에 대해 무식해서 그리되었으니 화를 푸세요."

"떽! 아무리 그래도 사람이 사람으로서 따라야 할 법도와 도리가

있거늘, 그건 중세의 지식과는 무관한 것 아니더냐. 더군다나 리처드 2세는 기사도라곤 완전히 팽개쳐 버린 자야. 왕으로 군림하려고만 하고 기사도는 안중에도 없던 자를 보호하려 했단 말이냐? 네놈의 죄를 저 엑스칼리버로 단죄하고야 말 터!"

"잘못했습니다, 폐하. 다시는, 다시는 그리 함부로 변론하지 않을 테니 한 번만 용서해 주세요, 제발!"

"아니다. 내 너 같은 놈을 혼내서 역사에 기강을 세울 터. 다시는 너 같은 놈이 악당을 변론하지 못하도록 할 것이야. 어서 내 정의의 칼을 받아라!"

"아, 아, 안 돼! 으악!"

비명 소리와 함께 눈을 번쩍 뜬 이대로 변호사는 땀으로 흠뻑 젖은 자신의 모습을 보며 안도의 숨을 내쉬었다.

"휴, 꿈이었군. 변호를 하려면 정신 똑바로 차리고 마음의 기준을 바로 세워야겠어."

큰 깨달음을 얻은 이대로 변호사, 과연 그를 찾아올 다음 의뢰자는 누가 될까. 정의의 편에 서겠다는 마음 때문인지, 다시 꿈속에 든 이대로 변호사는 어느 때보다도 편안한 얼굴이었다.

명화로 보는 중세 봉건제

<영주의 저택과 부속 건물이 있는 풍경>

17세기경에 그려진 요리스 반 데르 하겐의 작품입니다. 영주의 저택과 부속 건물이 있는 풍경으로, 그림 가운데의 반듯한 건물이 영주의 저택으로 짐작됩니다. 또한 중세 시대의 장원으로서 그림 뒤쪽으로 넓게 펼쳐진 땅이 '농토'인 것을 알 수 있습니다.

<사냥 출발>

중세 봉건제에서 봉토를 받은 영주는 그 땅의 주인으로서 많은 권리를 누릴 수 있었죠. 영주가 사냥을 하기 위해 출발하는 모습을 담은 이 그림은 작자 미상의 16세기 것입니다. 벽에 장식할 수 있도록 만들어졌지요. 이 작품 외에도 같이 그려진 것으로 보이는 여러 편의 작품이 있습니다. 영주가 한가로이 책을 읽는 모습을 담은 〈독서〉, 아름다운 여성들과 이야기를 나누고 있는 〈연애 장면〉, 평화롭게 걷고 있는 모습을 그린 〈산책〉 등이 그것이지요. 이 그림들을 보면 중세 시대 영주들이 어떻게 살았는지 짐작할 수 있습니다.

<기사의 삶을 버리고 군대를 떠나는 성 마르탱>

기사는 중세 봉건제에서 제후에 속하는 사람입니다. 당시 기사는 군대를 이끄는 사람으로 말을 타고 다니곤 했지요. 기사가 등장하는 이 그림은 이탈리아 화가인 시모네 마르티니의 작품으로 1322~1326년에 그려진 것으로 알려져 있습니다. 가운데 십자가를 들고 서 있는 사람이 성 마르탱이고, 왼쪽 아래에 앉아서 성 마르탱을 쳐다보고 있는 사람이 황제입니다. 그 주위에 군인들이 정렬해 있지요. 당시 군대의 군기 잡힌 모습과 군인들이 입었던 복장, 창과 같은 무기를 살펴볼 수 있습니다.

<아슈도드에 번진 흑사병>

중세 봉건 사회를 무너뜨린 가장 큰 파도는 바로 '흑사병'입니다. 흑사병으로 많은 사람들이 죽어 노동력의 가치가 올라갔고, 영주들은 농민에 대한 처우를 개선해야 했지요. 이 과정에서 농노를 벗어나 자영 농민으로 성장하는 사람들이 생기면서 중세 봉건제가 흔들리게 됩니다.

흑사병에 걸린 펠리시테 사람들을 그린 이 그림은 17세기경 니콜라 푸생이 그렸습니다. 니콜라 푸생은 프랑스의 화가로 '프랑스 회화의 아버지'라고 불립니다. 14세기 중엽에 유럽 전역을 휩쓸었던 흑사병은 많은 사람들의 목숨을 앗아 갔습니다. 특히 인구가 밀집된 도시에서 흑사병의 피해가 컸지요. 쥐를 통해 전염되는 병으로 알려진 만큼 그림 곳곳에 거리를 돌아다니는 쥐들이 보입니다. 흑사병으로 목숨을 잃은 사람들, 가족과 친구를 잃은 슬픔에 우는 사람들, 흑사병의 공포로 당황하는 사람들의 면면이 실감나게 그려져 있어요.

『역사공화국 세계사법정 21 왜 중세 농노는 해방되었을까?』와 관련한 논술 문제를 풀어 봅시다.

※ 다음 제시문을 읽고 물음에 답하시오.

(가) 중세 유럽은 이민족의 침입에 맞서 싸우는 일의 연속이었습니다. 이 과정에서 전쟁을 통솔할 지도자를 중심으로 모이게 되었고, 자연스레 왕을 정점으로 하여 기사들이 모이는 상하 간 위계질서가 생겨납니다. 이 질서의 위에 있는 상급자를 '주군'이라 하고 하급자를 '봉신'이라 하였지요.

(나) 각 지역마다 힘을 지닌 세력가가 지역민들을 보호하고 지배권을 유지하는 정치 체제가 성립됩니다. 주군으로부터 봉토를 받은 기사는 봉토 안에서 영주가 되었지요. 영주는 그 지역의 주인으로 주군의 간섭을 받지 않으며 봉토를 다스릴 수 있었습니다.

(다) 한 영주의 지배 아래에 있는 촌락 공동체를 '장원'이라고 합니다. 장원은 자급자족할 수 있는 단위로, 장원에는 영주의 성, 교회, 농민들의 가옥, 방앗간 등이 있었지요. 장원 내의 농민들은

대부분 농노로 영주의 땅을 경작해야 하는 의무를 지고 있었습니다.

1. (가)~(다)는 각각 중세 봉건제의 특징을 나타내는 내용입니다. 각각 어떤 특징에 대한 설명인지 그 이유와 함께 써 보시오.

※ 다음 제시문을 읽고 물음에 답하시오.

(가) 14세기 당시 프랑스의 귀족들은 농부들을 업신여겨 '촌뜨기'라는 뜻에서 '자크리'라고 불렀고, 이 말은 농민을 뜻하는 말이 되었지요. 당시 프랑스는 흑사병과 전란 등으로 농민들의 삶이 매우 피폐했습니다. 농토는 황폐해지고, 기사들은 농민을 보호하지 않고 오히려 농촌을 약탈하는 일이 발생했지요. 이에 불만을 품은 농민들이 난을 일으킵니다. 농민들의 난은 북프랑스 일대로 퍼져 곳곳에서 영주의 성을 공격하기에 이릅니다.

마일 엔드 회담에서의 와트 타일러 농민군과 리처드 2세

(나) 고려 시대 무신들이 권력을 잡은 '무신 정권' 당시 백성들의 삶은 더욱 피폐해졌습니다. 지나치게 높은 세금과 높은 이자에 시달려야만 했으니까요. 더욱이 무신들이 난을 일으켜 정권을 잡은 이후라 '나도 하면?' 하는 신분 상승에 대한 기대감이 커지게 됩니다.

고려 신종 때의 사람으로 당시 집권자인 최충헌의 노비였던 만적 역시 이런 생각을 품었습니다. 만적은 '왕후장상의 씨가 따로 있지 않다'는 생각에 천민들을 모아 난을 일으키려고 했지요.

2. (가)는 프랑스에서 일어난 '자크리의 난'에 대한 내용이고, (나)는 고려 시대에 일어난 '만적의 난'에 대한 내용입니다. (가)와 (나)를 읽고, 둘의 공통점과 역사적 의의에 대해 써 보시오.

해답 1 (가)는 '주종제'를 말합니다. 주군과 주군을 따르는 사람들의 관계는 중세 봉건제가 나타나게 된 이유 중 하나지요. (나)는 '지방 분권제'에 대한 설명입니다. 각 지방의 세력가가 그 지역을 다스리도록 하는 것으로, 중세 봉건제의 중요한 특징 중 하나입니다. (다)는 '장원제'에 대한 내용입니다. 장원에서 영주는 농노를 보호하고, 농노는 영주에게 부역과 공납을 다할 의무를 가지고 있었습니다.

이렇게 (가)~(다)는 중세 봉건제의 특징인 주종제, 지방 분권제, 장원제를 설명하고 있습니다

해답 2 (가)는 1358년 5월 28일 프랑스에서 일어난 농민의 난인 '자크리의 난'에 대한 내용이고, (나)는 고려 시대에 있었던 '만적의 난'에 대한 내용입니다. 자크리의 난은 군대에 의해 진압되었고, 만적의 난도 실패했지요. 하지만 만적의 난 이후 고려에서는 신분 해방 운동이 30년간 계속되었고, 유럽에서는 자크리의 난 이후 1381년에 영국에서 '와트 타일러의 난'이 일어나는 등 변화의 바람이 불게 됩니다. (가)와 (나) 모두 현실을 바꾸어 보려는 움직임이었다는 점에서 그 의의를 찾을 수 있지요. 현실을 그대로 받아들이거나 좌절하지 않고 적극적으로 바꾸어 보려 한 것이 공통점이에요.

* 해답은 예시로 제시된 내용입니다.

역사공화국 세계사법정 21

왜 중세 농노는 해방되었을까?

초판 1쇄 발행일 2012년 8월 14일
5쇄 발행일 2021년 10월 12일

지은이 문우일
그린이 이남고
펴낸이 정은영

펴낸곳 (주)자음과모음
출판등록 2001년 11월 28일 제2001-000259호
주소 10881 경기도 파주시 회동길 325-20
전화 편집부 (02) 324-2347 경영지원부 (02) 325-6047
팩스 편집부 (02) 324-2348 경영지원부 (02) 2648-1311
이메일 jamoteen@jamobook.com

ISBN 978-89-544-2421-9 (44900)

과학공화국 법정시리즈 (전 50권)

생활 속에서 배우는 기상천외한 수학·과학 교과서!
수학과 과학을 법정에 세워 '원리'를 밝혀낸다!

이 책은 과학공화국에서 일어나는 사건들과 사건을 다루는 법정 공판을 통해 청소년들에게 과학의 재미에 흠뻑 빠져들게 할 수 있는 기회를 제공한다. 우리 생활 속에서 일어날 만한 우스꽝스럽고도 호기심을 자극하는 사건들을 통하여 청소년들이 자연스럽게 과학의 원리를 깨달으면서 동시에 학습에 대한 흥미를 가질 수 있도록 구성하였다.

물리법정 1 물리의 기초
물리법정 2 물리와 생활
물리법정 3 빛과 전기
물리법정 4 소리와 파동
물리법정 5 여러 가지 힘
물리법정 6 운동의 법칙
물리법정 7 일과 에너지
물리법정 8 유체의 법칙
물리법정 9 현대물리학과 양자론
물리법정 10 상대성 이론

화학법정 1 화학의 기초
화학법정 2 물질의 구성
화학법정 3 물질의 성질
화학법정 4 화학반응
화학법정 5 화학과 생활
화학법정 6 신기한 금속
화학법정 7 여러가지 화합물
화학법정 8 물질의 변화
화학법정 9 음식과 화학
화학법정 10 우리 주변의 화학

생물법정 1 생물의 기초
생물법정 2 동물
생물법정 3 곤충
생물법정 4 인체
생물법정 5 식물
생물법정 6 자극과 반응
생물법정 7 유전과 진화
생물법정 8 신기한 생물
생물법정 9 해양생물
생물법정 10 미생물과 생명과학

지구법정 1 지구과학의 기초
지구법정 2 천문
지구법정 3 날씨
지구법정 4 지표의 변화
지구법정 5 지질시대
지구법정 6 남극과 북극
지구법정 7 화석과 공룡
지구법정 8 별과 우주
지구법정 9 바다 이야기
지구법정 10 이상기후

수학법정 1 수학의 기초
수학법정 2 수와 연산
수학법정 3 도형
수학법정 4 비와 비율
수학법정 5 확률과 통계
수학법정 6 여러 가지 방정식
수학법정 7 여러가지 부등식
수학법정 8 여러가지 수열
수학법정 9 수학퍼즐
수학법정 10 수학의 논리